HEYNE BÜCHER

HEYNE KOCHBÜCHER

Rosemarie Farkas

Fröhliche Weihnachts Bäckerei

Plätzchen • Stollen • Lebkuchen

Traditionelle und neue Rezepte

Originalausgabe

Wilhelm Heyne Verlag
München

Heyne Kochbuch
07/4729

Besuchen Sie uns im Internet:
http://www.heyne.de

Umwelthinweis:
Dieses Buch wurde auf chlor- und säurefreiem Papier gedruckt.

Printed in Germany 1998
Umschlaggestaltung: Atelier Schütz, München
Umschlagfoto: Maria Harder, Hamburg
Innenfotos: Maria Harder, Hamburg (Seite 17, 65, 69, 109, 153, 167)
StockFood/Eising, München (Seite 41, 77, 97, 105, 133, 141, 145, 157)
StockFood/Bender, München (Seite 33, 133)
Fotostudio Teubner, Füssen (Seite 129)
Zeichnungen: Designstudio Fleischer, München
Satz: Schaber Satz- und Datentechnik, Wels
Druck und Bindung: RMO-Druck, München

ISBN 3-453-14514-3

Inhalt

Die Rezepte

Jedes Kapitel ist einer Teigart gewidmet. Zu Beginn werden jeweils die Grundzubereitungsarten vorgestellt

Abkürzungen:

EL	=	Eßlöffel	l	=	Liter
TL	=	Teelöffel	ml	=	Milliliter (= $^1/_{1000}$ l, 1 g)
Msp	=	Messerspitze	cl	=	Zentiliter (= $^1/_{100}$ l)
g	=	Gramm	∅	=	Durchmesser

Sterne, Kringel, Hexenhaus –

Von den Ursprüngen der Weihnachtsbäckerei

Gute Menschen mit Neigung zu innerer Einkehr beklagen regelmäßig die weihnachtlichen Konsum-Orgien mit Bergen von Geschenken und allzu üppigem Essen. Doch nichts anderes ist Weihnachten vom Ursprung her: eine Art kollektiver Kindergeburtstag, ein Fest der Verschwendung und der Völlerei. In vorchristlicher Zeit wurde es im Vorderen Orient zu Ehren der Geburt des Lichtgottes Mithras gefeiert. Im alten Ägypten war es Isis, die an diesem Tag das Horuskind gebar und damit den Anlaß für ein Fest lieferte. Die alten Römer feierten am Ende eines arbeitsreichen Jahres, bis zum 23. Dezember, ihre ausgelassenen Saturnalien, und im dunklen Norden, wo die Sonne um diese Jahreszeit für Wochen ganz verschwindet, war das Julfest einziges Glanzlicht in düsterer Zeit. Kluge Kirchenleute legten die Geburt Jesu nun ebenfalls in diese Zeit, auf den 25. Dezember, um all die heidnischen Feste, die sich die Menschen sonst nicht so leicht hätten wegnehmen lassen, gewissermaßen aufzusaugen. Zu den vorchristlichen Bräuchen, die übernommen wurden, gehörte auch das Backen von besonders geformten Honigkuchen. So sollen bereits die alten Germanen, wenn sie keinen echten Eber als Opfertier zur Hand hatten, ihrem Wotan Honigkuchen in Eberform dargebracht haben.

Die Christen des Mittelalters machten aus der Wartezeit vor Weihnachten – vom Katharinentag am 25. November bis einschließlich Heiligabend – eine Fastenzeit, die Ostkirche ließ ihre Gläubigen sogar schon von Philippi, dem 14. November an, darben. Davon geblieben ist der Brauch, an Heiligabend als Fastenspeise Fisch zu essen – und das Weihnachtsgebäck. Denn Honigkuchen dienten ebenfalls als Fastenspeise: gehaltvolle, aber fleischlose Nahrung. Die stark gewürzten Lebkuchen waren reine Medizin: Der Genuß exotischer Gewürze galt als heilsam, die Zutaten für Lebkuchen fand man denn auch in der Apotheke. Wer wollte den Lebzeltern, die seit dem 14. Jahrhundert ihre eigene Zunft hatten, verdenken, daß sie ihr Handwerk so kunstvoll verfeinerten, daß von Fastenspeisen bald nicht mehr die Rede sein konnte? Die Nürnberger taten sich mit ihren Lebkuchen besonders hervor, im Westen dagegen, am Niederrhein und in Holland, gelangte die Kunst der Spekulatius-Bäckerei, die vornehmlich dem Heiligen Nikolaus gewidmet war, zu hoher Blüte. Aachen lieferte die köstlichen Printen, im Süden, von Schwaben bis Tirol, wurden gehaltvolle Früchtebrote gebacken. Die Sachsen erfanden ihre berühmten Stollen, Königsberg und Lübeck trugen zum Weihnachtsteller ihr Marzipan bei. So entwickelte jede Region ihre weihnachtlichen

Back-Spezialitäten. Besonders taten sich dabei die Klöster hervor, wo man früher als anderswo Kenntnis von südländischer Zuckerbäckerkunst hatte und mit Gewürzen umgehen konnte. Die Herstellung von Pfefferkuchenhäuschen dagegen soll sich erst eingebürgert haben, nachdem Humperdinck mit seiner vorzugsweise um Weihnachten aufgeführten Oper *Hänsel und Gretel* 1893 die Opernhäuser eroberte.

Alle Jahre wieder …

»Bloß keinen Streß diesmal« heißt der ewig gleiche gute Vorsatz. Nicht mit den Geschenken. Nicht mit dem Weihnachtsessen (»Diesmal gibt es nur was ganz Einfaches«) und schon gar nicht mit Plätzchenbacken: »Wir können ja einfach etwas Gebäck beim Konditor besorgen«.
Und dann ist alles ganz anders: Wenn bereits am frühen Nachmittag die Abenddämmerung beginnt, wenn man sich unterwegs die klammen Finger am Becher mit zimtduftendem Glühwein wärmt, wenn es an allen Ecken glänzt und glitzert und selbst Schuhmacher und Metzger ihre Auslagen mit Tannenzweigen und Lebkuchen dekorieren, beschleicht auch die hartgesottensten Vernunftmenschen plötzlich und unerwartet die seltsame Sehnsucht nach Selbstgebackenem.
Gegen dieses irrationale Ziehen im Herz- und Magenbereich gibt es nur ein wirksames Mittel: Tun Sie es! Butter, Zucker, Eier, Mehl, dazu ein paar Nüsse und Gewürze, Rum oder Zitrone – mehr braucht es nicht, um eine Vielzahl der raffiniertesten kleinen Naschereien herzustellen. Dann durchzieht der Duft nach Selbstgebackenem auch Ihre Wohnung, durchströmt wohlige Wärme nicht nur den Leib, sondern auch die Seele.

Auf den folgenden Seiten finden Sie Plätzchen einfachster Machart, die auch von blutigen Anfängern problemlos zuzubereiten sind, aber doch köstlich schmecken. Sie sind so gekennzeichnet: *
Von Mürbteigplätzchen über Lebkuchen bis hin zum Stollen gibt es viele klassische Weihnachtsgebäcke, die keine übermäßigen Anforderungen an Ihre Kunstfertigkeit stellen und nicht sonderlich viel Arbeit machen. Es sind weitaus die meisten und zu erkennen an: **
Sie finden aber auch einige anspruchsvolle Rezepte, die nicht ganz so lässig aus dem Ärmel zu schütteln sind, sondern etwas Zeit, Mühe und Übung beanspruchen. Ihr Symbol: ***

Vorschläge für Plätzchenteller

Für Backmuffel und Eilige:

(gesamter Arbeitsaufwand für 4 Sorten etwa 3 Stunden)

Schokosplitt-Kekse, Seite 135
Rosinenplätzchen, Seite 131
Pistazien-Schnecken, Seite 178
Kokosmakronen, Seite 99

Für Vollwert-Fans:

Rum-Rosinen-Stollen, Seite 112
Schweizer Lebkuchenbrot, Seite 90
Aprikosentaler, Seite 185
Dinkelherzen, Seite 40

Für Schoko-Fans:

Schokoladenhalbmonde, Seite 47
Sacher-Christbäumchen, Seite 136
Schokosplitt-Kekse, Seite 135
Schokoladenmakronen, Seite 101

Für Traditionalisten, die keine Mühe scheuen:

Zimtsterne, Seite 106
Vanillekipferl, Seite 34
Elisenlebkuchen, Seite 102
Dresdner Stollen, Seite 118
Florentiner, Seite 143
Schweinsöhrchen, Seite 150

Für Süßschnäbel:

Marzipan-Konfekt, Seite 186
Terrassenplätzchen, Seite 32
Gefüllte Datteln, Seite 184
Pomeranzentörtchen, Seite 104

Für alle, die es nicht so süß mögen:

Schokoladenhalbmonde, Seite 47
Ingwerplätzchen, Seite 127
Rum-Rosinenstollen, Seite 112
Printen, Seite 68

Für alle, die scharf auf Gewürze sind:

Zimtsterne, Seite 106
Vanillekipferl, Seite 34
Ingwer-Stollen, Seite 125
Weiße Pfeffernüsse, Seite 73

Für Back-Künstler:

Schneemänner aus Pfefferkuchen, Seite 64
Lebkuchenhaus, Seite 61
Sacher-Christbäumchen, Seite 136
Engel aus Plunderteig, Seite 152

Für Diabetiker gibt es ein eigenes Kapitel auf den Seiten 168 bis 175.

Der Countdown

Um kurz vor Weihnachten einen üppig bestückten Weihnachtsteller parat zu haben, auf dem sich von Stollen über Lebkuchen, Pfeffernüsse und Makronen bis hin zu feinem Buttergebäck und Pralinen alles befindet, was süß und lecker ist, ist ein gewisses Maß an Planung und Strategie vonnöten.
Der Zeitplan geht davon aus, daß der Teller an Weihnachten gefüllt sein soll. Was bereits am 1. Advent oder zu Nikolaus auf dem Tisch stehen soll, muß entsprechend früher gebacken werden.

Im *November* geht es bereits los:

Stollen (mit Ausnahme von Quark- und Mohnstollen), Printen, Pfeffernüsse, Spekulatius, Nürnberger Lebkuchen, Weiße Lebkuchen
Außerdem: alle Honigteig-Figuren (wie Lebkuchenhaus, Fensterherzen, Nikolaus und Engel), wenn sie tatsächlich gegessen werden sollen. Wenn die Figürchen nur zum Anschauen da sind oder als Christbaum-Dekoration dienen sollen, können sie auch kurzfristig gebacken werden – aber Ruhezeiten für den Teig berücksichtigen.

1. und 2. Dezemberwoche

Alle Makronen, Liegnitzer Bomben, Zimtsterne, Mohnstollen

3. Dezemberwoche bis 2 Tage vor dem Fest

Vanillekipferl, Linzer Plätzchen und alles andere Mürbteiggebäck, Bärentatzen und anderes Spritzgebäck, Florentiner, Marzipanbrot, Marzipankartoffeln und Königsberger Marzipan, Engadiner Nußtorte:
Für sie ist ab jetzt ein guter Zeitpunkt zum Backen. Ebenso gut sind all diese Leckereien aber auch ein bis zwei Tage vor Gebrauch herzustellen. Das meiste davon schmeckt besonders gut, wenn es wenigstens einmal in der Dose übernachtet hat.

1 Woche vor dem Fest

Quarkstollen, Mohnstollen, Buttergebäck

1 bis 2 Tage vor dem Fest

Rührteiggebäck wie Schokosplitt-Kekse oder mit Rum aromatisierte Rosinenplätzchen und Panettone schmecken frisch am besten.

Unmittelbar vor dem Verzehr frisch gemacht

Sacher-Christbäumchen, Brandteiggebäck, Blätterteig-Gebäck (Teig evtl. schon vorher herstellen und gut gekühlt aufbewahren), Bûche de Noël und andere Torten sollen möglichst frisch auf den Tisch kommen. Brandteig kann schon am Vortag hergestellt, darf aber erst kurz vor dem Servieren gefüllt werden, da er sonst matschig wird.

Backutensilien – die kleinen Helfer

Backofen

Wenn Sie einen Elektro-Backofen mit **Umluft** haben: herzlichen Glückwunsch! Die trockene Hitze ist für Plätzchen ideal, und daß Sie mehrere Bleche auf einmal in den Ofen schieben können, macht das Backen weniger zeitraubend. Ein **konventioneller Elektro-Herd** ist zum Plätzchenbacken aber auch völlig in Ordnung.
Etwas schwerer haben Sie's mit einem **Gas-Backofen**. So ideal Gas beim Kochen ist, so mangelhaft ist es beim Backen: Von unten kommt ordentlich Hitze, von oben nichts, und so kennt der Gas-Backofen seine eigene Variante des Schwarz-Weiß-Gebäcks: unten schwarz angekokelt, oben teigig-weiß. Was hilft? Besorgen Sie ein Backblech, das kleiner ist als für die Größe des Backofens üblich und legen es auf das Gitter. So kann sich die Hitze gleichmäßiger im Backofen verteilen, als wenn ein großes Blech die Hitzezufuhr nach oben praktisch abriegelt. Wenn sie einen modernen **Gas-Backofen mit integrierter Umluft** haben: Klar, daß Sie zum Backen immer die Umluft-Funktion wahrnehmen.

Waage und Meßbecher

Ohne eine vernünftige Waage können Sie das Backen fast vergessen. Wer viel Übung hat, schüttelt die Zutaten für einen guten Mürbteig vielleicht aus dem Handgelenk aufs Backbrett. (Wer Übung hat, besitzt allerdings meist auch eine Waage.) Je weniger Erfahrung Sie beim Backen haben, um so mehr sind Sie auf eine gute, d. h. präzise Waage als wichtigsten Helfer angewiesen. Es klingt banal, erspart Ihnen aber Mühe, wenn Sie beim Abmessen daran denken, zuerst die Zutaten abzuwiegen, mit denen Sie die Waagschale nicht »einsauen«. Also zuerst Nüsse, Rosinen oder Zucker – dabei bleibt die Waage praktisch sauber. Dann das Mehl – danach reicht es, die Schale trocken auszuwischen. Zuletzt werden klebrige, fettige und feuchte Zutaten wie Butter oder Zitronat abgewogen. Wenn Sie's umgekehrt machen, müssen Sie zwischendurch immer wieder abwaschen und gut abtrocknen. Oder Sie legen ein Blatt Pergamentpapier unter, das so gut wie gar nichts wiegt.
Honig abzuwiegen ist kein Spaß: Wenn möglich, schätzen Sie die Menge, entweder per Augenmaß (z. B.: 150 Gramm sind ein knappes Drittel eines Pfund-Glases) oder mit dem Löffel: 1 Eßlöffel Honig wiegt etwa 20 Gramm. Sie können auch einen kleinen Plastikbehälter zuerst leer wiegen, sich das Gewicht sicherheitshalter notieren und den Honig darin zuwiegen. So stimmt's dann ganz genau.

Meßbecher sind prima zum Abmessen für Flüssigkeiten, sie sollten aber unbedingt nach unten hin spitz zulaufen, weil sie dann im kleineren Bereich exakter messen.

Löffel

Die Einheit »1 Eßlöffel« geht von Löffeln aus, wie sie heute handelsüblich sind. Wenn Sie das ererbte alte Tafelsilber als Maßeinheit verwenden, müssen Sie umrechnen: In einen Löffel von Oma passen etwa zwei Löffelfüllungen von heute hinein.

Backblech – nach Möglichkeit mehr als eins

Auf vieles kann man beim Backen verzichten, nur nicht auf Backbleche in ausreichender Zahl. Mit einem Blech allein werden Sie nicht weit kommen.
Zwar sind die Rezepte in diesem Buch grundsätzlich auf vergleichsweise kleine Mengen ausgerichtet (die Sie jederzeit verdoppeln können). Manches Gebäck jedoch, wie etwa Lebkuchen oder auch Anisplätzchen, muß über Nacht auf dem Blech trocknen, bevor es gebacken wird.
Notlösung: Wenn Ihnen die Bleche knapp werden, plazieren Sie die Teigstückchen bereits auf Backpapier oder Backfolie und lagern sie auf einer beliebigen anderen ebenen Unterlage (z. B. Tablett). Behutsames Hantieren ist allerdings angesagt, wenn Sie das fertig belegte Backpapier auf das freigewordene Backblech hieven.

Küchenmaschine

Eine echte Erleichterung: Mit der Küchenmaschine werden auch arbeitsaufwendige Teige wie Mürbteig oder Hefeteig zum Kinderspiel. Selbst einen Stollen schütteln Sie fast aus dem Ärmel.
Mürbteig ist im Handumdrehen gemacht: Alle Zutaten ungeordnet in die Maschine geben, Knöpfchen drücken, fertig ist der Mürbteig. Und der Hefeteig muß nur noch gehen – was Ihnen aber keine Arbeit macht.
Wer jetzt meint, in Weihnachtsplätzchen müsse viel Liebe und daher auch viel mühsame Handarbeit stecken, und mit der Küchenmaschine sei das kein richtiges Handwerk mehr, dem sei gesagt: Mit der gleichen Portion Liebe (und Arbeit) und der Hilfe der Maschine lassen sich mehr Sorten herstellen oder die Plätzchen liebevoller dekorieren.

Handrührer

Nicht ganz so perfekt wie die Küchenmaschine, aber doch eine wichtige Hilfe. Einen Mürb- oder Hefeteig kriegt der Handrührer zwar nicht fertig – da muß noch kräftig Handarbeit geleistet werden – aber für sämtliche Rührteige, für Eischnee und Sahne sowie für Knetteige im Anfangsstadium ist der Handrührer ein wertvoller Helfer.

Schneebesen

Allzu häufig brauchen Sie den klassischen Küchenhelfer in der Bäckerei nicht – es sei denn, Sie verschmähen jegliches neumodische Elektrogerät und wollen Ihre Armmuskeln stählen. Ansonsten überläßt man den Schnee, der dem Besen seinen Namen gab, doch besser dem elektrischen Handrührer, oder man vertraut diese Arbeit der Küchenmaschine an.

Blitzhacker/Moulinette

Nützliches Gerät, mit dem Sie Nüsse und Mandeln schnell zerkleinert haben. Wer den Geschmack von Zitronat und Orangeat mag, aber nicht gern auf die Stücke beißt – mit der Moulinette kriegen Sie sie klein. Vor allem für Spontan-Täter sinnvoll: Ganze Nüsse oder Mandeln halten länger als gemahlene, können daher immer vorrätig sein und bei Bedarf zerkleinert werden.

Backpapier/Pergament/Dauerbackfolie

In älteren Backbüchern findet man oft den Hinweis: »gewachstes Blech«. Spezielles Blechwachs gibt es gar nicht mehr (zumindest war es in allen Haushaltswarenläden, in denen ich danach fragte, unbekannt). In der Regel wird das Blech mit Butter oder Öl eingefettet, eventuell auch noch mit Mehl bestäubt.

Andere Teige, vor allem die Honigteige für Lebkuchen, sind derart klebrig, daß auch Einfetten keinen sicheren Schutz bietet. Empfehlenswert: **Backpapier**, und selbst das sollten Sie noch zusätzlich einölen.

Eine höchst nützliche Erfindung ist **Dauerbackfolie**, besonders für klebrige Angelegenheiten wie Lebkuchen, Makronen oder Biskuit. Sie ist mehr als bloß ein Ersatz für Backpapier, denn an ihr haftet wirklich nichts. Einmal auf Blechgröße zurechtgeschnitten, kann sie beliebig oft verwendet werden. Nach dem Backen feucht abwischen, schon ist die praktische Folie wieder einsatzbereit.

Die Dauerbackfolie erspart beispielsweise die **Oblaten** für Makronen. Wie man weiß, sind Oblaten nicht gerade eine geschmackliche Bereicherung, sondern haben nur die Funktion, das Festkleben am Blech zu verhindern.

Für **Mürbteig** brauchen Sie das Blech **gar nicht** zu präparieren. Der Teig enthält reichlich Fett, daher besteht keine Gefahr, daß er festbäckt.

Wem Backpapier und Backfolie wegen der **Beschichtung** nicht ganz geheuer sind – schließlich weiß man als Verbraucher nie wirklich, was für Stoffe da zum Einsatz kommen und was sie bewirken – der nimmt statt dessen **Pergament** und ölt es ein.

Pergament ergibt außerdem

- eine gute Unterlage für in Schokolade getauchte Plätzchen und Pralinen, die trocknen sollen,
- eine schützende Auflage für Gebäck, das Gefahr läuft, beim Backen zu dunkel zu werden,
- eine hilfreiche Manschette für Stollen, der Gefahr läuft, die Form zu verlieren,
- eine praktische Spritztüte für flüssige Schokolade oder Zuckerguß zum Dekorieren.

Ausstechformen

Herzen, Sterne, Bäumchen, Kometen – ohne Ausstechförmchen läuft in der Weihnachtsbäckerei gar nichts. Die Blechförmchen sind billig: gönnen Sie sich daher ein kleines Sortiment. Für Doppeldecker und die beliebten Terrassenplätzchen brauchen Sie die jeweils gleiche Form in verschiedenen Größen.

Besonders niedlich sind Plätzchen, die mit Spielzeugförmchen aus der Puppenstube gebacken werden (gibt's in Spielwaren-Handlungen). Die Mini-Plätzchen sehen nicht nur hübsch aus, ihr Format läßt auch mehr Herumnaschen und Probieren zu, weil man nicht schon beim dritten Stück pappsatt ist.

Spritzbeutel/Konditorbeutel

Weicher Mürbteig kommt in Kringeln, Rosetten oder s-förmig aufs Blech. Formgebend bei diesem Butterspritzgebäck sind die unterschiedlich geformten und verschieden großen Tüllen, die als Aufsätze zu den Beuteln oder Zylindern dienen. Aber auch für andere Teigarten leisten die Spritzbeutel gute Dienste: für Brandteig etwa oder auch für Eierschaummasse, die damit – Beispiel Anisplätzchen – schön gleichmäßig aufs Blech getupft werden kann.

Model

Spekulatius und Springerle bekommen ihre hübschen Formen durch Holzmodel. Es gibt flache Model, in die wird der Teig hineingedrückt und geformt, dann wieder herausgeklopft und aufs Blech gelegt. Und es gibt Roll-Model, die mit festem Druck über den flachgewalzten Teig gerollt werden und dabei ihre Muster hinterlassen.

Reibe

Geriebene Zitronenschale, manchmal auch Orangenschale, brauchen Sie für süßes Gebäck häufig – und damit auch eine kleine Reibe. Sparen können Sie sich Reibe, Zeit und Arbeit, indem Sie fertiges Zitronenschalenaroma verwenden. Ganz stilecht ist das aber nicht.

Weihnachts
plätzchen

☞ Tip: Ein großer Teil der Zitrusschale bleibt beim Reiben im Metall hängen. Das ist doppelt ärgerlich: Erstens ist die Ausbeute des mühsam gewonnenen Aromas mager, zweitens ist das Reinigen einer Reibe, in der sich lauter Zitronenschalenkrümel festgehakt haben, kein Vergnügen. Abhilfe schafft ein Stück **Pergament**, das am Reibeisen festgepickt wird. Erstens geht Ihnen so gut wie kein Krümelchen verloren, zweitens bleibt Ihnen die lästige Reinigung erspart.

Teigrolle

Unentbehrlich zum Ausrollen von Mürbteig, Honigteig u. a. ist die Teigrolle (im Süden: »Nudelholz«). Sie muß einigen Druck aushalten, braucht also einen stabilen Roll-Mechanismus. Ob Sie die klassische hölzerne Variante bevorzugen oder auf die schwere Marmorrolle schwören, ist Geschmacksache. Auf die Qualität der fertige Plätzchen hat dieser Unterschied keinen Einfluß.

Teigschaber

wird beim Plätzchenbacken nur in Ausnahmefällen gebraucht, weil hier in der Regel feste, formbare Teige hergestellt werden. Für eine Weihnachtstorte aber, oder wenn eine Masse aufs Blech zu streichen bzw. – wie bei Zimtsternen – eine Eiweißmasse auf dem Teig zu verstreichen ist, leistet der Teigschaber nützliche Dienste.

Holzstäbchen

Holzstäbchen sind für vieles gut: Unentbehrlich sind sie, um zu prüfen, ob etwa ein Stollen gar ist (hineinpieken, und wenn kein Teig am Stäbchen haftet, ist der Stollen fertig). Sie können damit aber auch raffinierte Muster in eine Glasur zeichnen (siehe Seite 194).

Pinsel

Ob für Eigelb, das vor dem Backen aufgetragen wird, Zucker- oder Schokoladenguß, der aufs fertige Gebäck kommt – stets benötigen Sie einen Pinsel. Zwar können Sie den Pinsel auch benutzen, um Bleche und Formen zu fetten – sehr viel einfacher geht das aber so: Sie zerknüllen ein kleines Stück Küchenkrepp, nehmen damit etwas Öl oder weiche Butter auf und reiben damit die Form ein. Das ist schnell gemacht, und Sie brauchen keinen fettigen Pinsel zu reinigen.

Kuchengitter

Gerade größere Gebäckstücke, die Feuchtigkeit enthalten, wie etwa Stollen, sollten nach dem Backen unbedingt auf einem Gitter lagern, damit kühlende Luft von allen Seiten drankommen kann. Auch Plätzchen oder Pralinen, die in Schokolade getaucht wurden, sind zum Trocknen auf dem Gitter gut aufgehoben.

Dosen

Endlich ist es soweit: Plätzchen, Lebkuchen oder Stollen sind wohlbehalten aus dem Backofen gekommen, vollständig ausgekühlt und wollen jetzt gut gelagert sein. Da gibt es nur eins: Dosen. Eher flach sollten sie sein, damit nicht zahlreiche Plätzchenschichten einander erdrücken. Und lieber mehrere nicht so große, damit Sie die verschiedenen Sorten getrennt unterbringen können. Sonst gehen am Ende Zimtsterne und Vanillehörnchen sowie Ingwerkekse eine unglückliche Liaison ein und verlieren ihren jeweils charakteristischen Duft zugunsten eines langweiligen Einheitsgeruchs. Auch Stollen ist in einer Dose von passender Größe am besten aufgehoben.

Alufolie?

Ist schlicht überflüssig! Alufolie verbraucht bei ihrer Herstellung so maßlos viel Energie, daß ihr Einsatz unter dem Umweltgesichtspunkt nicht zu verantworten ist. Und beim Recycling wird zwar der Rohstoff eingespart, der Energieaufwand ist aber praktisch gleich hoch, so daß das Alu-Recycling eher Augenwischerei ist.

Es gibt nichts, wofür Alu-Folie wirklich sein muß: Stollen ist in einer Dose ebenso gut aufgehoben; eine Manschette zum Stollen-Backen (bei Teigen, die die Form zu verlieren drohen) läßt sich aus Pergament herstellen, auch zum Abdecken als Schutz gegen allzu intensives Bräunen ist Pergament geeignet. Als Backunterlage gibt es Backpapier oder Dauerbackfolie, und der Mürbteig ruht bequem in Klarsichtfolie (deren Herstellung im Vergleich zur Alufolie nur einen winzigen Bruchteil an Umweltbelastung mit sich bringt) oder einem Küchentuch.

Backzutaten

Mehl

Weihnachtsbäckerei ist Feinbäckerei. Für grobes Vollkornmehl sind die Einsatzmöglichkeiten daher begrenzt. Wenn in der Zutatenliste von »Mehl« die Rede ist, ist daher generell das handelsübliche **405er Auszugsmehl** gemeint, das es längst auch in Öko-Qualität gibt.

Trotzdem finden Sie in diesem Buch auch gutes Weihnachtsgebäck aus dem ganzen Korn, vorzugsweise aus **Dinkel**. Was Sie nicht tun sollten, ist weißes Mehl einfach durch Vollkornmehl zu ersetzen und alles andere zu belassen, wie es ist. Vollkornmehl quillt stärker, braucht daher mehr Flüssigkeit, und oft sind Vollkornteige brüchiger und damit schwer formbar. Sicher wären Sie vom Ergebnis enttäuscht.

Wer es kernig mag: Einige Plätzchen enthalten **Haferflocken**, die besten gibt es im Naturkostladen.

Eier

Manchmal steht unter Zutaten: »großes Ei« oder »kleines Ei«. Nun hat man selten Eier in unterschiedlichen Größen zur Auswahl im Kühlschrank vorrätig. Wenn Sie ein kleines brauchen, aber nur große Eier haben, müssen sie entweder etwas mehr Mehl zugeben oder Sie lassen einen Teil des Eiweißes zurück und verwenden es beispielsweise für den Zuckerguß.

Wenn Sie umgekehrt nur kleine Eier haben, aber ein großes brauchen, sollten Sie ein zweites Ei opfern und nur das Eiweiß oder Eigelb zum ersten Ei dazugeben.

Und : Daß nur Eier von freilaufenden Hühnern in die Plätzchen kommen, ist Ehrensache.

Zucker

Je feiner, desto besser – zumindest zum Backen. Für die Herstellung von Mürbteig empfiehlt sich generell Puderzucker, der sich schnell löst. Auch sonst ist ein möglichst feiner Kristallzucker angesagt. Ausnahmen: In Printen findet Kandis Platz, als süße Dekoration kommt mitunter dicker Hagelzucker aufs Gebäck.

Honig

Viele traditionelle Backwerke gehen noch auf die Zeit zurück, als Zucker unbekannt war. Honig war das Mittel zum Süßen in mittelalterlichen Lebkuchen, Honigkuchen usw. Mit der Wahl des Honigs beeinflussen Sie den Geschmack des fertigen Gebäcks ganz entscheidend: Zarter heller Lindenblütenhonig beispielsweise läßt auch die anderen Geschmackszutaten zur Geltung kommen, andere Sorten, wie etwa dunkler Tannenhonig, sind sehr dominant und prägen den Geschmack entsprechend stark.

Fruchtzucker

bräunt beim Backen besonders schnell. Decken Sie das Gebäck nach der Hälfte der Backzeit mit Pergament ab.

Andere Süßungsmittel

Agaven- und *Birnendicksaft* kommen vereinzelt zum Einsatz. Sie sind flüssiger als Honig und machen den Teig weicher. Birnendicksaft ist von angenehm fruchtiger Süße und damit für Früchtebrote ideal. Agavendicksaft ist sehr mild im Geschmack und eine gute Alternative, wenn Zucker nicht erwünscht ist, aber der Honiggeschmack stören würde – was gerade bei Weihnachtsgebäck aber eher selten der Fall sein dürfte.

Butter

In den Zutatenlisten in diesem Buch werden Sie nie das Wort *Margarine* lesen. Butter schmeckt nun mal tausendmal besser und ist ein im Vergleich zu Margarine viel natürlicheres Produkt. An Fett und Kalorien ist Margarine auch nicht ärmer als Butter, und Weihnachtsteller sind nun mal keine Rohkostplatten.
Fragen wir uns lieber, welche Butter es sein darf. Daß gesalzene Butter eher nicht in Frage kommt, dürfte klar sein (es sei denn, die Buttermenge, die das Rezept vorschreibt, ist sehr gering und Sie wollen mit der Butter die häufig verlangte Prise Salz abdecken. Mit »mildgesäuerter« Butter liegen Sie nie verkehrt, eine richtige Sauerrahmbutter hat dagegen einen kräftigen Eigengeschmack, der auch im fertigen Gebäck durchschlägt. Besonders wenn eine Masse erhitzt wird, ist Süßrahmbutter erste Wahl, weil sie nicht so leicht gerinnt. Außerdem paßt sie sich mit ihrem feinen Sahnegeschmack natürlich jedem süßen Teig optimal an.

Backhilfen

Pottasche (Kaliumcarbonat) und **Hirschhornsalz** (Ammoniumcarbonat) sind »Backpulver« für flaches Weihnachtsgebäck. Sie lassen vor allem die zähen, schweren Honigteige aufgehen, wollen dazu aber Zeit haben. Der eine oder andere Honig-Lebkuchen-Teig verlangt vor dem Backen tagelange, sogar wochenlange Ruhezeit. Neben der Treibwirkung (mehr in die Breite als in die Höhe und daher nur für flaches Gebäck geeignet) bringen die weißen Pülverchen auch einen ganz speziellen Geschmack mit, der auf undefinierbare Weise an Weihnachten erinnert. Auch das übliche **Backpulver** kommt in der Weihnachtsbäckerei vor. Für Rührteige, die mehr Mehl als Butter und Ei enthalten, ist es oft unentbehrlich. Eine natürliche Alternative zum üblichen Backpulver ist **Weinsteinbackpulver** (Naturkostladen oder Reformhaus), das aus Holzweinfässern gewonnen wird.

Kandierte Früchte

Zitronat und Orangeat gehören in Stollen und Lebkuchen, Früchtebrot und Florentiner. Handelsüblich sind 100-g-Päckchen mit gewürfelter Fruchtschale. Die Würfel sind allerdings reichlich grob. Sehr viel angenehmer sind sie, wenn sie ganz fein gehackt in den Teig kommen. Seltener zu bekommen (am ehesten in sogenannten »Spanischen Gärten«) und ungleich feiner, sind ganze kandierte Fruchtschalen, von denen man nach Bedarf Stücke abschneidet und fein hackt.
Andere kandierte Früchte und Blüten, Angelika, Kirschen und Ananas etwa, Veilchen- und Rosenblätter, sind vor allem zur Dekoration geeignet. Stückchen davon, in den Zuckerguß gedrückt, finden auf Plätzchen, Lebkuchen, Petits Fours und Pralinen Platz.

Zitronenschale/Orangenschale und Ersatz

Immer noch das Beste: von unbehandelten, gereinigten Früchten die Schale abreiben. Ein bißchen mühsam ist das aber, und manchmal hat man gerade keine geeigneten Früchte im Haus. Für Zitronenschale gibt es überall Ersatz in Form der winzigen Glasröhrchen mit Zitronenschalenaroma, die unter diversen Bezeichnungen von verschiedenen Firmen im Handel sind. Für Orangenschalenaroma gibt es kein derart breites Angebot. Orangenschalenöl bekommen Sie aber im Naturkostladen, vielleicht auch in der Apotheke. Sehr angenehm im Geschmack ist in Traubenzucker gelöstes Aroma von Schale plus Saft. Sie werden in den Aromen Zitrone und Orange in kleinen Tütchen angeboten. Außerdem bei guten Gewürzfirmen im Angebot: geriebene, getrocknete Schale von Zitronen und Orangen in Schraubgläsern

Nüsse und Mandeln

sollten möglichst aus der neuesten Ernte stammen, denn mit muffigen oder gar ranzigen alten Nüssen können Sie sich das ganze Gebäck verderben. Schnuppern Sie an den Nüssen, die Sie verwenden. **Mandeln** und **Haselnüsse** sind oft nach längerer Zeit noch gut. Besonders empfindlich sind dagegen **Walnüsse**, sie »ranzeln« vergleichsweise schnell. **Pistazien** kommen wegen ihrer schönen grünen Farbe meist als Dekoration zum Einsatz. Besonders fein in Geschmack, leider auch sehr teuer, sind **Macadamia**-Nüsse und **Pinienkerne**. Gemahlenen Nüssen und Mandeln entlocken Sie ihre Geschmacksreserven, wenn Sie sie vor dem Weiterverarbeiten in einer trockenen Pfanne sanft rösten.

Rosenwasser

Gutes Marzipan bekommt seinen charakteristischen Geschmack nicht ausschließlich durch die Mandeln, den letzten Schliff erhält es durch Rosenwasser. In gekaufter Marzipanrohmasse fehlt es leider häufig. Wenn Ihr Lebensmittelhändler keines vorrätig hat, bekommen Sie es in der Apotheke.

Gewürze

In der Weihnachtsbäckerei sind Gewürze unentbehrlich. Es ist ihr Duft, der die ganze Umgebung verzaubert und weihnachtliche Gefühle erzeugt. Sie wirken auch heilsam und helfen dem Körper, all die üppigen Leckereien zu verarbeiten.
Perfektionisten, die den ganz frischen Geschmack wollen, machen sich die Mühe und zerkleinern die Gewürze unmittelbar vor dem Gebrauch: Sie zerstoßen Anis, Kardamom und Koriander im Mörser, reiben Ingwer und Muskat frisch, stellen aus ganzen Stangen in der Moulinette Zimtpulver her und zerdrücken Nelken, die sie mit Folie bedecken, bevor sie sie mit der Teigrolle plattwalzen.
Ich muß gestehen, ich mache das nicht (mit einer Ausnahme: den Ingwer reibe ich immer frisch). Erstens ist es mir zu mühsam, zweitens habe ich es nie geschafft, die Gewürze so fein zu zerkleinern wie ich es gern hätte: Und im fertigen Plätzchen auf ein kompaktes Stück Nelke zu beißen, ist kein Genuß.

Anis

Der süße, leicht lakritzartige Geschmack darf vor allem in Eiergebäck wie Springerle, Spekulatius und, natürlich, Anisplätzchen nicht fehlen.

Ingwer

ist fruchtig-scharf. An ihm scheiden sich die Geister. Die einen lieben ihn und können kaum genug davon bekommen, andere verabscheuen ihn. Verwenden Sie ihn reichlich oder lassen sie ihn weg, ganz wie es Ihnen beliebt.

Kardamom

Die sanfte Schärfe bekommt vor allem Lebkuchen, Stollen und Früchtebroten gut. Es gibt kaum ein Gebäck, das nicht einen Hauch davon verträgt.

Koriander
Seine sanfte Würze harmonisiert und ist vielseitig einsetzbar.

Muskatnuß und Muskatblüte
Sehr durchdringend ist das Aroma der (frisch geriebenen) Muskatnuß. Milder würzt Muskatblüte, auch unter dem Begriff Macis im Handel.

Nelken
Fast immer in Kombination mit Zimt im Einsatz. Nelken haben ein frisches, aber extrem dominantes Aroma. Von Nelkenpulver immer höchstens halb soviel nehmen wie von Zimt, im Vergleich zu anderen Gewürzen eher noch weniger.

Piment/Nelkenpfeffer
Von ihm haben wohl die Pfefferkuchen ihre Namen. Piment ist süßlich-scharf, paßt sich gut an, harmonisiert und wirkt in jedem Gebäck angenehm.

Vanille
ist in der Feinbäckerei generell das wichtigste Gewürz, wenn auch gerade an Weihnachten Zimt, Nelken, Anis und Kardamom der duftenden Orchidee heftige Konkurrenz machen.
Am feinsten (allerdings auch am teuersten): eine Vanillestange aufschlitzen und das Mark mit dem Messerrücken herauskratzen. Arbeit sparen Sie mit flüssiger Vanille-Essenz aus echter Bourbon-Vanille: Wenige Tropfen davon genügen, um einen Teig angenehm mit dem echten Vanille-Aroma zu parfümieren. Auch das herausgekratzte Vanillemark können Sie fertig in winzige Gläser abgefüllt kaufen (im Naturkostladen). Sowohl die flüssige Essenz wie auch das schwarze Pulver sind relativ teuer in der Anschaffung, sie reichen aber lange und erleichtern die Arbeit. Für Vielbäcker sind sie ganz gewiß ökonomischer als die Mini-Tütchen mit echtem Vanille-Zucker, die eben hauptsächlich aus Zucker bestehen. Wenn Sie mit Vanillestangen arbeiten, sollten Sie keinesfalls versäumen, eine Dose mit Zucker bereitzustellen, in die Sie die ausgekratzten Stangen legen. Denn auch die leeren Stangen geben noch reichlich Vanillearoma ab, und so haben Sie stets guten (und den preiswertesten) Vanillezucker im Haus.
Bei so vielen Möglichkeiten, an den richtigen Vanillegeschmack zu kommen, erübrigt es sich, die Verwendung von künstlichem Vanillin auch nur in Erwägung zu ziehen.

Zimt/Kaneel
Mehr als jedes andere Gewürz ist der süß-scharfe Zimt (eine Baumrindenart) mit Weihnachten assoziiert. Sie könnten Lebkuchen oder Glühwein noch so reichlich würzen – ohne Zimt würde immer das gewisse Etwas fehlen.

Plätzchengewürz/Lebkuchengewürz

Wenn Sie selten backen und auch sonst für Nelken, Zimt & Co wenig Verwendung haben, sind Sie mit den fertigen Gewürzmischungen gut bedient. Addieren Sie die Menge der Einzelgewürze in der Zutatenliste und geben eine entsprechende Menge Gewürzmischung in den Teig.

Rum-Aroma/Zitronen-Backöl/Bittermandelaroma

Unter diversen Bezeichnungen wie Citro-Back, Finesse, Butter-Aroma usw. sind fertige Geschmackszutaten im Handel, mit denen man sich die Arbeit erleichtern kann. **Rum**-Aroma ist dann sinnvoll, wenn der Geschmack erwünscht ist, die Alkoholprozente aber nicht, **Citro**-Back u.ä., wenn gerade keine unbehandelte Zitrone zur Hand ist. **Butter**-Aroma ist überflüssig, die Rezepte enthalten reichlich Butter. Ausnahme: Diabetiker, die glauben, daß Diätmargarine für sie günstiger ist, können auf diese Weise so etwas Ähnliches wie Buttergeschmack an ihr Gebäck zaubern. Sehr nützlich: **Bittermandel**-Aroma, denn bittere Mandeln aufzutreiben und zu reiben ist mühsam. Außerdem ist es gefährlich, in einem Haushalt mit Kindern die blausäurehaltigen Bittermandeln aufzubewahren: Die Giftwirkung ist erheblich.

Die Rezepte

Mürbteig-Gebäck

Mürbteig ist für vieles gut: als feines Teegebäck, Tortenboden oder rustikale Unterlage für herzhafte Füllungen. Seine wahre Bestimmung erfährt der Mürbteig aber zur Weihnachtszeit: Wenn er zu Sternen und Herzen, zu Tannenbäumchen, Glocken und Kometen ausgestochen und mit Nüssen, Mandeln und Zuckerglasur, mit bunten Kügelchen und Schokoladenguß dekoriert wird.
☆ Es gibt zahlreiche Rezeptvarianten, mit und ohne Zucker, mit Wasser oder Milch oder ganz ohne zusätzliche Flüssigkeit, mit geriebenen Nüssen oder Mandeln, mit kalten Zutaten (meistens), aber auch lauwarm zubereitet. In östlichen Ländern gibt man gern etwas vom allgegenwärtigen Sauerrahm an den Teig.
☆ Eines aber ist allen mürben Teigen gemein: Sie enthalten viel Butter. Wegen des reichlich im Teig enthaltenen Fetts können Sie getrost darauf verzichten, das Backblech mit Backpapier auszulegen oder einzufetten.
☆ Übrigens: Wenn Sie an einem Tag die Lust am Backen verläßt, können Sie den Teig, in Klarsichfolie gewickelt, problemlos einige Tage im Kühlschrank aufbewahren. Im Tiefkühlfach hält er sich viele Wochen.

Grundrezept für einfache Mürbteigplätzchen

– ausführliche Beschreibung –

Für alle Arten von ausgestochenen

Butterplätzchen, für süße Brezeln, Tortenböden und Torteletts

Dieser Teig ist robust, leicht zu verarbeiten und daher sehr geeignet für erste Backerfahrungen sowie das Backen mit kleineren Kindern, die Spaß am Ausstechen haben.
☆ Auf *250 g Mehl* jeweils die Hälfte, also *125 g, kalte Butter* und *Puderzucker* sowie *1 Ei*. Ein wenig *abgeriebene Zitronenschale* (oder *einige Tropfen Zitronenöl*, das macht keine Arbeit!) und *eine Prise Salz* geben dem Teig das gewisse Etwas.

☆ Wenn Sie eine Küchenmaschine haben: Einfach alle Zutaten zusammenwerfen, aufs Knöpfchen drücken, der Teig wird darin absolut perfekt.
Wenn nicht, machen Sie es so:

☆ Auf die Arbeitsfläche, im Idealfall ein Backbrett, Mehl und Puderzucker häufen und eine Prise Salz dazugeben. In die Mitte eine Vertiefung drücken. Die Butter in kleine Stückchen schneiden und ringsherum auf den Rand legen, das aufgeschlagene Ei in die Mulde gleiten lassen und die abgeriebene Schale einer halben oder auch einer ganzen unbehandelten Zitrone dazugeben (oder einige Tropfen Zitronenöl darüberträufeln).

☆ Alles liegt bereit, jetzt muß es schnell gehen: Sie greifen sich das größte Messer, das Sie besitzen, hacken damit in dem Haufen herum und schieben dabei immer wieder von außen das Mehl zur Mitte hin, damit Ihnen das flüssige Ei nicht entwischt. Sobald das Ei mit dem Mehl soweit verbunden ist, daß es sich nicht mehr selbständig machen kann, legen Sie das Messer zur Seite und kneten mit den Händen die bröselige Masse schnell und kräftig durch, bis sie nicht mehr krümelt und keine Butterstückchen mehr zu sehen sind.

☆ Aus dem Teig eine schöne Kugel formen und sie entweder in ein leicht angefeuchtetes Küchentuch oder in Klarsichtfolie wickeln. Im Kühlschrank etwa 20 Minuten ruhen lassen. In vielen Anweisungen steht: »Mindestens 1 Stunde im Kühlschrank ruhen lassen.« In dieser Zeit wird der Teig aber mitunter so steinhart, daß er schwer auszurollen ist. Meiner Erfahrung nach sind 20 Minuten absolut ausreichend. Und: Legen Sie den Teig eher ins Gemüsefach als in kältere Zonen.

☆ Jetzt haben Sie Zeit, Backbleche und Ausstechförmchen bereitzustellen und sich über die Dekoration Gedanken zu machen: Soll ein Zuckerguß darüber? Oder Schokoladenraspel? Oder bekommen die Plätzchen noch vor dem Backen einen Anstrich aus Eigelb und eine Auflage aus Mandeln oder Hagelzucker? Oder möchten sie Doppeldecker backen – Spitzbuben zum Beispiel?

☆ Präparieren Sie jetzt das Backbrett: Alle Teigreste vom Brett entfernen – sonst bekommt der Teig beim Ausrollen unerwünschte Dellen –, gleichmäßig mit Mehl einstäuben und die Teigrolle bereitlegen. Die Teigkugel aus der Kühlung nehmen, ebenfalls rundherum mit Mehl bestäuben und auf dem Brett etwas flach drücken. Ausrollen. Wenn die Teigplatte größer und größer wird, ab und zu überprüfen, ob sie noch locker aufliegt. Es muß immer etwas Mehl unter der Teigplatte sein, damit sie nicht auf dem Brett festklebt.

☆ Ist der Teig dünn genug, sagen wir drei Millimeter, heizen Sie den Backofen auf 200 ° vor und stechen dann dicht an dicht die Plätzchen aus und plazieren sie – mit etwas Abstand – gleich auf dem Blech. Etwa 10 Minuten Backzeit müssen Sie rechnen. Bleiben Sie dabei, gehen Sie nicht ans Telefon! Kann sein, daß Ihr Teig etwas dünner ist, dann ist er auch schneller fertig. Zwischen »fertig« und »angebrannt« liegen manchmal nur 20 Sekunden. Verlassen sie sich nicht auf Ihre Nase: Oft ist es leider schon zu spät, wenn man etwas riecht.

Feiner Mandelmürbteig

Für alle Arten von

Ausstechplätzchen, gefüllte Plätzchen, Vanillekipferl

Der Teig wird durch Zugabe von Nüssen schwerer und brüchiger und braucht daher beim Verarbeiten etwas Fingerspitzengefühl. Wenn statt ganzer Eier nur Eigelbe verwendet werden, wird der Teig noch feiner und mürber.

Für ca. 50 Stück:

250 g Mehl, 125 g ungeschälte geriebene Mandeln, 125 g Puderzucker,
1 Prise Salz, 200 g kalte Butter, 4 Eigelb

Zum Aromatisieren:

abgeriebene Schale von 1 unbehandelten Zitrone oder das Mark von 1/2 Vanilleschote

☆ Mehl, Mandeln, Puderzucker, Salz und Vanille oder Zitronenschale vermischen und auf die Arbeitsfläche häufen, in die Mitte eine Mulde drücken. Die Butter in kleinen Stückchen auf dem Mehlrand verteilen, die Eigelbe in die Mitte geben.

☆ Mit einem großen Messer alles schnell durchhacken, anschließend mit den Händen rasch zu einem glatten Teig verkneten. Zu einer Kugel formen und in einem leicht angefeuchteten Küchentuch oder in Klarsichtfolie gewickelt im Kühlschrank mindestens 20 Minuten ruhen lassen.

☆ *Weiterverarbeitung:* Auf gleichmäßig bemehltem Brett etwa 2 Millimeter dick ausrollen. *Oder: Teig* zu einer Rolle formen, Scheibchen abschneiden, erst zu Kugeln und schließlich zu Hörnchen formen.

☞ *Tip:* Wenn Sie unter das Mehl 1 EL dunkles Kakaopulver mischen, erhalten Sie einen feinen Schokoteig. Der schmeckt besonders gut, wenn er mit Orangenmarmelade zu Doppeldeckern zusammengefügt wird. Mit verquirltem Eigelb bestrichen und mit bunten Zuckerstreuseln bestreut werden daraus die leckeren **Orangenschnitten** (siehe Foto Seite 157).

Knuspriger Mürbteig

Je höher der Butteranteil, desto brüchiger ist der Teig, wenn er kalt geknetet wird. Ausweg: Die Butter wird weich oder gar flüssig verarbeitet.

☆ Hier eine Variante, die mit flüssiger Butter hergestellt wird und sehr knusprige Plätzchen ergibt. Der Teig enthält wenig Zucker, ist also gut geeignet für Gebäck, das durch Zuckerglasuren oder Marmeladenfüllungen noch zusätzliche Süße bekommt.

☆ Besonders fein und mürbe wird der Teig, wenn statt ganzer Eier nur Eigelbe verwendet werden. Da dieser hier aber eher etwas knusprig sein soll, können Sie, falls Sie von anderen Plätzchen noch Eiweiß übrig haben, bei diesem Teig ausnahmsweise statt eines ganzen Eies 2 Eiweiß verwenden.

Für ca. 40 Stück:

150 g Butter, 250 g Mehl, 1 Prise Salz, 80 g Zucker,
1 Ei (oder 2 Eiweiß)

☆ Die Butter bei schwacher Hitze in einem kleinen Topf schmelzen. Mehl, Salz und Zucker vermischen und auf die Arbeitsfläche häufen. In die Mitte eine Vertiefung drücken, die flüssige, etwas abgekühlte Butter hineingießen und das Ei zugeben. Alles von der Mitte her mit einer Gabel zusammenrühren, schließlich mit den Händen zu einem glatten Teig verkneten und zu einer Kugel formen. In Klarsichtfolie oder ein leicht feuchtes Küchentuch gehüllt mindestens 20 Minuten lang im Kühlschrank ruhen lassen.

* Terrassenplätzchen

(siehe Fotos Seite 41, 141 und 157)

Für etwa 25 Stück:

250 g Mehl, 75 g Puderzucker, 1 Prise Salz, 125 g kalte Butter, 1 Ei, etwas Zitronenaroma

Zum Bestreichen:

Marmelade oder Konfitüre ohne Fruchtstücke. Wenn nötig, die Marmelade durch ein Sieb streichen oder mit dem Stabmixer pürieren.

✰ Mehl, Zucker und Salz vermischen und auf die Arbeitsfläche häufen. In die Mitte eine Vertiefung drücken. Die Butter klein schneiden und auf dem Rand verteilen. In die Mitte Ei und Zitronenaroma geben. Alle Zutaten rasch zusammenkneten. (Oder alles von der Küchenmaschine verarbeiten lassen.)

✰ Teig 20 Minuten im Kühlschrank ruhen lassen und auf einer gleichmäßig mit Mehl bestäubten Arbeitsplatte etwa 2 bis 3 Millimeter dick ausrollen.

✰ Jeweils die gleiche Anzahl großer, mittlerer und kleiner Kreise ausstechen und bei 200 ° (Umluft 180 °) backen.

✰ Etwas abkühlen lassen. Die Unterseite eines kleinen Plätzchens mit Marmelade bestreichen, auf die Oberseite eines mittelgroßen Plätzchens kleben. Dessen Unterseite wiederum bestreichen und auf ein großes Plätzchen setzen. Wenn alle Plätzchen terrassenartig zusammengesetzt sind, mit Puderzucker überstäuben.

☞ *Haltbarkeit:* Am ersten Tag sind die Plätzchen noch knusprig, in der Dose werden sie mürbe und halten dort, wenn es sein soll, 1 bis 2 Monate.

Nußhäufchen (S. 52), Spitzbuben (S. 39), Zimtsterne (Seite 106), Springerle (S. 57), Vanillekipferl (S. 34), Kokosmakronen (S. 99), Lebkuchensterne (S. 87) und Mürbteigplätzchen

*** Vanillekipferl/Vanillehörnchen

(siehe Foto Seite 33)

Vanillekipferl gehören zu den feinsten Weihnachtsklassikern. Eigentlich ist es ja ganz simpel: Mandel-Mürbteig, zu Hörnchen geformt, gebacken und in Puderzucker gewälzt. Schwierig daran ist nur der Umgang mit dem sehr mürben Teig, der ständig in Gefahr ist zu brechen. Behutsam und mit Fingerspitzengefühl wollen die Hörnchen geformt sein, bevor sie in den Backofen kommen. Und ebenso sachte wollen sie angefaßt sein, wenn sie im vanillegewürzten Puderzucker gewälzt werden.

Für etwa 40 Stück:

50 g ungeschälte, gemahlene Mandeln, 50 g ungeschälte, gemahlene Haselnüsse,
1 Vanilleschote, 150 g Mehl, 50 g Puderzucker, 1 Prise Salz,
1 Eigelb, 100 g kalte Butter

Zum Bestäuben:

50 g Puderzucker

✰ Nüsse und Mandeln in einer Pfanne ohne Fettzugabe bei schwacher Hitze rösten, bis sich ein angenehmer Duft verbreitet. Abkühlen lassen. Inzwischen die Vanilleschote aufschlitzen und das Mark herauskratzen. Die Hälfte davon mit dem Puderzucker, der zum Bestäuben bestimmt ist, vermischen und zur Seite stellen.

✰ Die andere Hälfte mit Mandeln, Nüssen, Mehl, Puderzucker und Salz vermischen und auf die Arbeitsfläche häufen. Eigelb und Butter zufügen und alles schnell verkneten. Den Teig zu 1 oder 2 Rollen formen, in Klarsichtfolie oder ein leicht feuchtes Küchentuch wickeln und mindestens 30 Minuten im Kühlschrank ruhen lassen.

✰ Backbleche bereitstellen (brauchen weder Fett noch Backpapier), Backofen auf 180 ° (Umluft 160 °) vorheizen. Die Teigrolle in 1 cm dicke Scheiben schneiden, zu Hörnchen formen und aufs Blech legen.

✰ Obwohl die Hörnchen viel dicker sind als ausgestochene Plätzchen, ist die Backzeit doch sehr kurz: knapp 10 Minuten.

☞ *Haltbarkeit:* In den ersten 2 Wochen sind sie am besten

** Kokos-Kipferl

Als Variante – natürlich nicht als Ersatz! – zu den berühmten Vanillekipferln hier ein Rezept für mürbe Hörnchen mit Kokos und Zitrone.

<u>Für etwa 60 Stück:</u>

1 bis 2 unbehandelte Zitronen, 250 g Mehl, 125 Puderzucker, 1 Prise Salz, 100 g Kokosraspel, 150 g kalte Butter, 3 Eigelb

<u>Nach Belieben:</u>

2 EL Zitronensaft und 150 g Puderzucker zum Glasieren oder 100 g Puderzucker zum Wälzen

☆ Die Zitrone(n) – ob Sie eine oder zwei nehmen, hängt davon ab, ob Sie das Zitronenschalenaroma dezent oder etwas ausgeprägter wünschen – waschen, gut abtrocknen und die Schale abreiben.

☆ Das Mehl mit Puderzucker, Salz und Kokosraspel mischen und auf die Arbeitsfläche häufen. In die Mitte eine Vertiefung drücken. Die Butter klein schneiden und auf dem Mehl verteilen. Die Eigelbe in die Mulde geben.

☆ Mit einem breiten Messer einmal kreuz und quer durchhacken, anschließend mit den Händen rasch zu einem glatten Teig verkneten (oder die Küchenmaschine arbeiten lassen).

☆ Den Teig zu etwa 3 cm dünnen Rollen formen und 1 Stunde kühlen. In der Zwischenzeit Backbleche mit Backpapier oder Dauerbackfolie auslegen.

☆ Den Backofen auf 190 ° vorheizen. Den Teig in dünne Scheiben schneiden, zu kleinen Hörnchen formen und aufs Blech legen. Etwa 12 Minuten backen (Umluft 170 °).

☆ Die fertigen Kipferl können Sie einfach nur in etwas Puderzucker wälzen oder mit einer Zitronenglasur bestreichen.

☞ *Haltbarkeit:* Die Kokoskipferl schmecken frisch sehr gut. Älter als 3 Wochen sollten sie nicht werden.

** Eisbärentatzen

Favoriten für Naschkatzen sind die zart-knusprigen Eisbärentatzen aus weichem, gerührten Mürbteig, die nach dem Backen in weiße Kuvertüre getaucht werden.

Für etwa 50 Stück:

125 g geriebene Mandeln, 250 g weiche Butter, 125 g Puderzucker, 1/2 Vanilleschote, 1 Ei, 1 TL gemahlener Ingwer, 1/2 TL Kardamom, 1 unbehandelte Orange, 250 g Mehl

Für die Füllung:

200 g Orangen- oder Zitronenmarmelade

Für die Glasur:

200 g weiße Kuvertüre

☆ Die Mandeln in einer Pfanne ohne Fettzugabe leicht anrösten und wieder abkühlen lassen. Inzwischen Butter und Puderzucker mit dem elektrischen Schneebesen verrühren. Die Vanilleschote aufschlitzen, mit dem Messerrücken das Mark herauskratzen und dazugeben.

☆ Das Ei und die Gewürze unterrühren. Die Orange heiß waschen, gut abtrocknen und die Schale abreiben. Zusammen mit den abgekühlten Mandeln in die Masse rühren. Zuletzt das Mehl einarbeiten.

☆ Backbleche mit Backpapier oder Dauerbackfolie auslegen. Die Masse in einen Spritzbeutel mit kleiner Sterntülle füllen und – mit einigen Zentimetern Abstand – kleine Rosetten aufs Blech spritzen. Die Bleche mit dem Teig etwa 1 Stunde kühlen.

☆ In etwa 12 bis 15 Minuten hellgelb backen.

☆ Die Marmelade durch ein Sieb streichen oder mit dem Stabmixer glatt pürieren. Jeweils zwei gleich große Plätzchen mit der Marmelade zusammenkleben.

☆ Die Kuvertüre bei schwacher Hitze schmelzen und die Bärentatzen etwa zu einem Drittel eintauchen. Auf einem Kuchengitter oder auf Pergament vollständig trocknen lassen, bevor die Tatzen in die Dose wandern.

☞ *Aufbewahrung und Haltbarkeit:* Zwei bis drei Tage sollten die Eisbärentatzen in der Dose ruhen, damit sich die Aromen gut miteinander verbinden. Sie schmecken zwei bis drei Wochen lang unverändert gut.

** Marzipan-Doppeldecker

(siehe Foto Seite 145)

<u>Für etwa 40 Stück:</u>

150 g weiche Butter, 75 g Zucker, 150 g Marzipanrohmasse, 3 Tropfen Bittermandelöl, 1 kleines Ei, 150 g Mehl, 75 g Speisestärke

<u>Für die Füllung:</u>

200 g rote Konfitüre ohne Fruchtstücke

✰ Butter und Zucker gut schaumig rühren. Marzipanrohmasse, Bittermandelöl und Ei zugeben und alles sehr gut miteinander verrühren. Zuletzt das Mehl und die Speisestärke dazurühren.

✰ Bleche mit Backpapier oder Dauerbackfolie auslegen. Den Teig in einen Spritzbeutel mit Sterntülle füllen und möglichst kleine Kringel, Streifen oder Rosetten aufs Blech spritzen.

✰ Damit der Teig beim Backen die Form behält, ist es ratsam, die Bleche mit dem Teig vor dem Backen wenigstens eine halbe Stunde kalt zu stellen.

✰ Den Backofen auf 180 ° vorheizen. Die Plätzchen in 7 bis 10 Minuten goldgelb backen, anschließend auf einem Kuchengitter auskühlen lassen.

✰ Jeweils zwei Plätzchen mit Konfitüre zusammensetzen.

☞ *Haltbarkeit:* Vernaschen Sie das Marzipangebäck innerhalb von 3 bis 4 Wochen.

** Ingwerbrezeln

(siehe Foto Seite 167)

<u>Für etwa 25 Stück:</u>

1 Stück Ingwerwurzel von etwa 50 bis 70 g, 250 g Mehl, 125 g kalte Butter, 75 g Puderzucker, 1 Prise Salz

<u>Nach Belieben:</u>

1 Eigelb zum Bestreichen, Hagelzucker

☆ Den Ingwer schälen und fein reiben. Alle Zutaten in der Maschine oder von Hand zu einem glatten Teig verkneten, zu einer Rolle formen und 20 Minuten kühl ruhen lassen.

☆ Von der Rolle dünne Scheiben abschneiden, jede zu einer etwa 20 cm langen, dünnen Schnur rollen und daraus eine Brezel formen. Auf Wunsch mit Eigelb bestreichen und mit Hagelzucker bestreuen. Aufs Blech legen und etwa 10 Minuten bei 190 ° (Umluft 170 °) backen.

☞ *Haltbarkeit:* In der Dose halten die Brezeln einige Wochen, sie werden durch langes Lagern jedoch nicht besser.

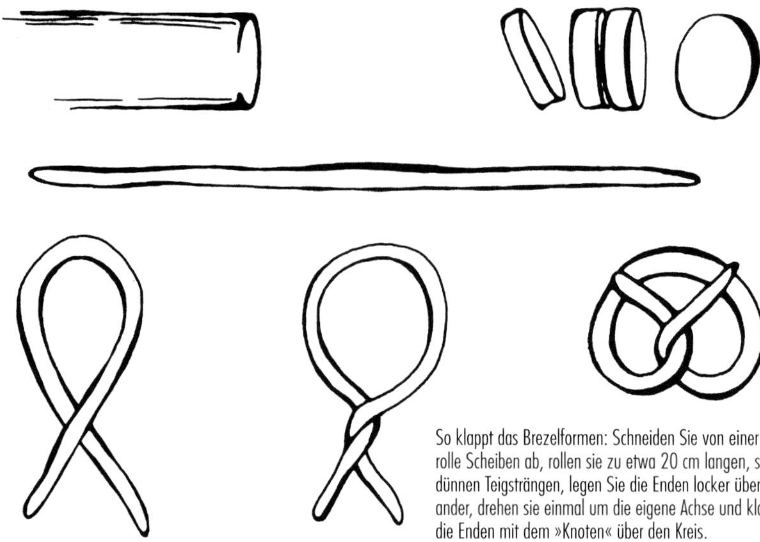

So klappt das Brezelformen: Schneiden Sie von einer Teigrolle Scheiben ab, rollen sie zu etwa 20 cm langen, sehr dünnen Teigsträngen, legen Sie die Enden locker übereinander, drehen sie einmal um die eigene Achse und klappen die Enden mit dem »Knoten« über den Kreis.

** Spitzbuben

(siehe Foto Seite 33)

Aus feinem Mandel-Mürbteig, mit erfrischender Marmeladenfüllung, gehören die Spitzbuben zu den beliebtesten Plätzchen.

Für etwa 40 Stück:

50 g geriebene Mandeln, 200 g Mehl, 100 g kalte Butter,
2 Eigelb, 80 g Puderzucker

Außerdem:

Mehl für die Arbeitsfläche, eine leuchtend rote, säuerliche Marmelade Ihrer Wahl
(z. B. Sauerkirsche), 2 EL Puderzucker

☆ Die Mandeln in einer Pfanne ohne Fettzugabe bei schwacher Hitze rösten, bis angenehmer Duft aufsteigt. Abkühlen lassen. Alle Zutaten zu einem glatten Teig verkneten und in Klarsichtfolie gewickelt etwa 20 Minuten im Kühlschrank ruhen lassen.

☆ Die Arbeitsfläche gleichmäßig mit Mehl bestäuben und darauf den Teig etwa 2 Millimeter dick ausrollen. Lauter gleich große Kreise ausstechen. Die Hälfte davon aufs Backblech legen. Aus der anderen Hälfte jeweils in der Mitte ein kleines Loch (z. B. mit einem Apfelentkerner oder Fingerhut) ausstechen. Die Teigreste zusammenkneten, noch einmal kühl ruhen lassen und dann ebenso weiterverarbeiten.

☆ Die Plätzchen bei 180 ° (Umluft 160 °) hellgelb backen und abkühlen lassen. Wenn die Marmelade Fruchtstücke enthält, durch ein Sieb streichen oder mit dem Stabmixer pürieren. Die Plätzchen ohne Loch auf der Oberseite gleichmäßig mit der Marmelade bestreichen und jeweils mit einem Kringel belegen. Puderzucker in ein kleines Sieb füllen und damit die fertigen Plätzchen überstäuben.

☞ *Haltbarkeit:* Lange werden Sie die Spitzbuben nicht aufheben können, dazu sind sie viel zu lecker. Sie halten aber problemlos 3 bis 4 Wochen.

* Dinkelherzen

Vollkornmehl ist nicht für jede Teigart geeignet. Mürbteig läßt sich aber ganz gut damit herstellen. Da das vergleichsweise gröbere Mehl den Teig selbst schon recht krümelig macht, sind der Zugabe von Butter und Nüssen oder Mandeln allerdings Grenzen gesetzt. Also legen wir die Mandeln einfach obenauf. Der Agavendicksaft ist zarter im Geschmack als Honig.

Für ca. 40 Stück:

300 g fein gemahlener Dinkel, 150 g kalte Butter, 1 kleines Ei,
150 ml Agavendicksaft

Zum Dekorieren:

100 g ganze Mandeln, 1 Eigelb, 2 EL Milch

Außerdem:

Mehl für die Arbeitsfläche

✰ Dinkel, Butter, Ei und Dicksaft schnell zu einem glatten Teig verkneten (von Hand oder in der Küchenmaschine). In Folie oder ein Küchentuch gewickelt 20 Minuten kühl ruhen lassen.
✰ Inzwischen die Mandeln mit kochendem Wasser übergießen, 1 – 2 Minuten stehen lassen, kalt abschrecken. Die Haut abziehen und jeweils die beiden Hälften des Mandelkerns voneinander trennen.
✰ Den Teig auf einer mit Mehl bestäubten Arbeitsfläche etwa 3 mm dick ausrollen, Herzen ausstechen und auf das ungefettete Backblech legen. Das Eigelb mit der Milch verrühren und die Herzen damit bestreichen. Auf jedes Herz eine Mandelhälfte legen und leicht festdrücken.
✰ Bei 190 ° (Umluft 170 °) etwa 10 Minuten goldgelb backen.

☞ *Haltbarkeit:* Die Plätzchen sollten vor dem Essen einmal in der Dose übernachten. Anschließend möglichst innerhalb von 2 bis 3 Wochen vernaschen.

Engelsaugen/Fingergolatschen/Husarenkrapfen (S. 42), Mürbteiggebäck (S. 30), Terrassenplätzchen (S. 32), Kokosmakronen (S. 99)

* Engelsaugen, Husarenkrapfen oder Fingergolatschen

(siehe Foto Seite 41)

Daß es sich hierbei um Lieblingsplätzchen vieler Gegenden handelt, erkennt man schon an den unterschiedlichen liebevollen Bezeichnungen. Einen ganz großen Vorteil haben diese Plätzchen: sie sind schnell gemacht und der Teig wird – im Gegensatz zu ausgestochenem Gebäck, bei dem immer Reste bleiben und wieder zusammengeknetet werden müssen – in einem Arbeitsgang aufgebraucht.

Für etwa 45 Stück:

300 g Mehl, 100 g Puderzucker, 1 Prise Salz,
abgeriebene Schale von $^1/_2$ Zitrone, 200 g kalte Butter,
2 Eigelb, 200 g Himbeermarmelade

✰ Mehl, Puderzucker, Salz und Zitronenschale mischen und auf die Arbeitsfläche häufen. In die Mitte eine Vertiefung drücken. Die Butter in Stückchen schneiden und auf dem Mehlrand verteilen. Die Eigelbe in die Mulde geben. Die Zutaten mit einem breiten Messer kurz durchhacken, dann mit der Hand zu einem glatten Teig verkneten. (Oder alles mit Ausnahme der Marmelade in der Küchenmaschine deponieren und aufs Knöpfchen drücken).

✰ Den Teig zu einer Rolle formen, in Frischhaltefolie oder ein leicht angefeuchtetes Küchentuch wickeln und 20 Minuten kühl ruhen lassen.

✰ Den Teig in Scheiben schneiden, die so groß sind, daß sich aus ihnen knapp walnußgroße Kügelchen formen lassen. Die Teigkugeln aufs Blech setzen, in die Mitte mit dem bemehlten Ende eines Kochlöffelstiels eine Vertiefung drücken und mit Marmelade füllen.

✰ Bei 200 ° etwa 10 Minuten goldgelb backen.

☞ *Haltbarkeit:* Die Plätzchen schmecken in den ersten 2 Wochen am besten.

* Heidesand

Wenig Arbeit macht dieses Mürbteiggebäck. Damit die Plätzchen schön rund werden, muß die Teigrolle allerdings sehr gut gekühlt werden, damit sie recht fest ist und sich beim Schneiden nicht flach drücken läßt.

Für etwa 40 Stück:

125 g Butter, 100 g Zucker, 1 Prise Salz, 1 EL Milch, 200 g Mehl

Außerdem:

50 g Zucker

✰ Die Butter in einem kleinen Topf schmelzen und einmal aufschäumen, dann wieder abkühlen lassen. Wenn sie festzuwerden beginnt, mit Zucker, Salz und Milch verrühren. Zuletzt das Mehl einarbeiten. Der Teig ist vermutlich noch relativ weich und schwer formbar und muß erst einmal gut gekühlt werden.

✰ Nach etwa 20 Minuten sollte er fest genug sein und sich zu mehreren dünnen, etwa 2 cm dicken Rollen formen lassen. Den Zucker auf die Arbeitsplatte streuen und die Rollen darin wälzen. Die Teigrollen kühlen, bis sie so hart sind, daß sie sich beim Durchschneiden nicht verformen (etwa 2 Stunden Kühlzeit). 3 bis 4 mm dicke Scheiben abschneiden, aufs Backblech legen und bei 200 ° (Umluft 180 °) etwa 10 Minuten goldgelb backen.

✰ *Variante:* Anstatt in Zucker können Sie die Teigrollen auch in gehackten Mandeln wälzen.

☞ *Haltbarkeit:* 3 bis 4 Wochen.

*** Linzer Plätzchen

Für diese Plätzchen brauchen Sie nur die Eigelbe – weil die den Teig schön mürbe machen. Planen Sie deshalb gleich noch eine Ladung Makronen ein, die werden nämlich nur mit Eiweiß hergestellt.

✰ Mit ein wenig Backerfahrung sollten Sie sich gleich ans Werk machen: diese besonders feinen Plätzchen, die winzig kleinen Stückchen Linzer Torte gleichen, werden sicher zu Ihren Lieblingssorten gehören.

✰ Wenn sie die Teigherstellung der Küchenmaschine überlassen wollen – was vernünftig ist – wird die Teigmenge für ein etwa 30 mal 30 cm großes Rechteck ausreichen. Wenn Sie ein großes Blech ganz mit dem Teig auslegen wollen, heißt es, den Teig von Hand zu bereiten. Denn die Menge, die Sie dann benötigen, überfordert leider die Aufnahmekapazität einer durchschnittlichen Küchenmaschine.

Für ein Blech von etwa 35 mal 40–45 cm:

250 g ungeschälte, gemahlene Mandeln, 500 g Mehl, 250 g Puderzucker,
je 1/2 TL Vanillemark und gemahlene Nelken und 1 TL Zimt,
400 g Butter, 8 Eigelb

Für Füllung und Glasur:

600 g Johannisbeer- oder Preiselbeergelee, 250 g Puderzucker

Für ein kleineres Blech von etwa 30 mal 30 cm:

150 g ungeschälte, gemahlene Mandeln, 300 g Mehl, 150 g Puderzucker,
je 1/4 TL Vanillemark und gemahlene Nelken,
1/2 TL Zimt, 250 g Butter, 5 Eigelb

Für Füllung und Glasur:

375 g Johannis- oder Preisbeergelee, 150 g Puderzucker

✰ Die Mandeln in einer Pfanne ohne Fettzugabe bei schwacher Hitze rösten, bis sie duften. Etwas abkühlen lassen, mit Mehl, Puderzucker und Gewürzen vermischen und auf die Arbeitsfläche häufen. In die Mitte eine Vertiefung drücken. Die Butter in kleine Würfel schneiden und auf den Mehlkranz legen. Die Eigelbe in die Vertiefung geben. Mit einem breiten Messer alles rasch durchhacken, dann mit den Händen zu einem halbwegs glatten Teig verkneten – etwas krümelig wird er durch die vielen Mandeln immer bleiben. In Klarsichtfolie oder ein leicht feuchtes Küchentuch wickeln und etwa 20 Minuten kühl ruhen lassen.

☆ 2 Backpapierbögen in der Größe des Backblechs zurechtschneiden. Jeweils die Hälfte des Teigs auf einem Backpapierbogen ausrollen. Eine Lage vorsichtig aufs Blech legen, mit der Hälfte des Gelees einstreichen. Dann ganz behutsam die zweite Lage mit der Teigseite nach unten darauflegen und das obere Papier abziehen.

☆ Etwa 15 Minuten bei 180° backen. Ein wenig abkühlen lassen.

☆ Das restliche Gelee mit dem Puderzucker gut verrühren und gleichmäßig auf die gebackene Teigplatte streichen. Mit einem schweren, scharfen Messer ringsherum etwa 1 cm Rand wegschneiden, um diesen zu begradigen. Das große Stück in kleine Quadrate oder Rechtecke schneiden.

☆ Die Glasur vollständig trocknen lassen und die fertigen Plätzchen in eine Dose schichten, die einzelnen Schichten mit Pergament voneinander trennen. Das Trocknen dauert etwa einen halben Tag. Sie können es beschleunigen, indem Sie den Puderzuckeranteil erhöhen – die Glasur schmeckt dann aber nicht mehr ganz so fruchtig.

☞ *Haltbarkeit:* Kurz nach dem Backen sind die Plätzchen noch recht knusprig. Das schmeckt zwar nicht schlecht, aber so richtig gut, mürbe und harmonisch im Geschmack sind sie erst, wenn sie in der Dose übernachtet haben. Dort halten sie gut drei Wochen.

** Marschallschnitten

(siehe Foto Seite 167)

Wem die Linzer Plätzchen in der Herstellung zu aufwendig sind, der erhält mit diesem Gebäck eine – fast – ebenso gute Alternative.

<u>Für ein Blech:</u>

150 g ungeschälte, gemahlene Mandeln, 300 g Mehl,
150 g Puderzucker, je $^1/_4$ TL Vanille und Nelken,
$^1/_2$ TL Zimt, 250 g Butter, 5 Eigelb

<u>Zum Bestreichen:</u>

250 g Johannis- oder Preisbeergelee

☆ Die Mandeln in einer Pfanne ohne Fettzugabe bei schwacher Hitze rösten, bis sie merklich duften. Etwas abkühlen lassen, mit Mehl, Puderzucker und Gewürzen vermischen und auf die Arbeitsfläche häufen. In die Mitte eine Vertiefung drücken. Die Butter in kleine Würfel schneiden und auf das Mehl legen. Die Eigelbe in die Vertiefung geben. Mit einem breiten Messer alles rasch durchhacken und dann mit den Händen zu einem halbwegs glatten Teig verkneten – etwas krümelig wird er durch die vielen Mandeln immer bleiben. In Klarsichtfolie oder ein leicht feuchtes Küchentuch wickeln und etwa 20 Minuten kühl ruhen lassen.

☆ 1 Backpapierbogen in der Größe des Blechs zurechtschneiden. Den Teig auf dem Backpapier ausrollen. Das Gelee auf der Teigplatte verstreichen. Aus Teigresten können Sie ganz dünne Rollen oder schmale Streifen schneiden, die Sie als Gitter auflegen. Bei 180 ° (Umluft 160 °) etwa 12 Minuten backen. Noch warm in kleine Rechtecke oder Quadrate schneiden. Nach dem vollständigen Auskühlen in eine Dose füllen.

☞ *Haltbarkeit:* Gut 3 Wochen.

** Schokoladenhalbmonde

Schwarz wie die Sünde sind diese Schokoladenhalbmonde. Viel Kakao, wenig Zucker – dadurch sind sie etwas herb und auch bei Menschen, die keine ausgesprochenen Süßschnäbel sind, sehr beliebt.

Für etwa 30 Stück:

250 g Mehl, 165 g kalte Butter, 75 g Kakao, 60 g Zucker, 3 bis 4 Eigelb

Außerdem:

Marmelade, Zartbitterkuvertüre

☆ Alle Zutaten rasch zu einem glatten Teig verkneten, zu einer Kugel formen, in Klarsichtfolie wickeln und etwa 20 Minuten kühl ruhen lassen. 2 bis 3 mm dick ausrollen und Halbmonde ausstechen.

☆ Bei etwa 190 ° (Umluft 170 °) ca. 12 Minuten backen. Die Backzeit hängt natürlich auch von der Dicke des Teigs ab. Auf den Augenschein können Sie sich leider nicht verlassen, da der Teig ja schon rabenschwarz ist. Beim ersten Mal ist es daher ratsam, zunächst einige wenige Probekekse zu backen, um die Backzeit zu prüfen: Da die Plätzchen von Haus aus sehr dunkel sind, können Sie schlecht erkennen, ob sie schon fertig sind, und sobald es in der Küche angekokelt riecht, ist es leider zu spät …

☆ Je einen Halbmond mit Marmelade oder Gelee bestreichen und einen zweiten Halbmond darauflegen. Das Ganze anschließend mit Schokoladenguß überziehen.

☞ *Haltbarkeit:* Die Schokoladenhalbmonde schmecken auch nach 3 Wochen noch ganz gut.

*** Schwarz-Weiß-Gebäck

Traditionelles Mürbteig-Gebäck mit Op-art-Effekt, dessen Herstellung etwas Präzisionsarbeit erfordert.

Für etwa 40 Stück:

200 g Mehl, 100 g Zucker, 1 Prise Salz, 100 g kalte Butter, 1 Eigelb

Außerdem:

1 EL Kakaopulver, 1 Eiweiß

✰ Mehl mit Zucker und Salz mischen. Auf die Arbeitsfläche häufen und in die Mitte eine Vertiefung drücken. Die Butter in Stückchen schneiden und auf dem Rand verteilen, das Eigelb in die Mitte geben. Alle Zutaten erst mit einem breiten Messer durchhacken, dann schnell zu einem glatten Teig verkneten.

✰ Ein Drittel des Teigs mit dem Kakaopulver verkneten. Beide Teige in Folie gehüllt 20 Minutenkühl ruhen lassen.

✰ Den dunklen Teig nicht allzu dünn – etwa 5 bis 6 mm – zu einem Rechteck ausrollen. Die Hälfte des weißen Teigs zu einem ebenso großen Rechteck rollen. Das dunkle Rechteck dünn mit dem Eiweiß bepinseln und das weiße darauflegen. Das Rechteck in Streifen schneiden, die exakt so breit sind wie der Teig hoch ist. (Ganz gerade werden die Schnitte, wenn Sie den Teig nicht mit einem Messer, sondern mit einem straff gespannten Faden durchschneiden.)

✰ Die zweite Hälfte des weißen Teiges sehr dünn ausrollen. Je zwei der doppelfarbigen Streifen so aneinanderlegen, daß im Querschnitt ein Karomuster aus zwei hellen und zwei dunklen Quadraten sichtbar wird. Diesen doppelten Teigstrang in den dünn ausgerollten hellen Teig wickeln. Auf diese Weise alle Teigstränge mit dem dünnen Teig verarbeiten. Diese Teigstangen so lange kühlen, bis sie ganz fest sind und sich beim Schneiden nicht verformen.

✰ Die Teigstangen in etwa 4 mm dicke Scheiben schneiden und bei 200 ° (Umluft 180 °) etwa 8 bis 10 Minuten hellgelb backen.

☞ *Haltbarkeit:* Etwa 4 Wochen.

** Punsch-Kringel

Feiner heller Mandel-Mürbteig und Punschglasur verbinden sich zu einem feinen Gebäck, das wenig Mühe macht.

Für etwa 50 Stück:

1 unbehandelte Orange, 200 g Mehl, 100 g Puderzucker,
50 g geschälte, geriebene Mandeln,
100 g kalte Butter, 1 kleines Ei

Für die Glasur:

100 g Puderzucker, 1 EL Rum, 1 EL Orangensaft

Außerdem:

Mehl für die Arbeitsfläche, 2 unterschiedlich große runde Ausstechformen

✰ Die Orange waschen und trockenrubbeln. Die Schale abreiben. Mehl mit Zucker, Mandeln und Orangenschale mischen und auf die Arbeitsfläche häufen. In die Mitte eine Vertiefung drücken. Die Butter in Stückchen schneiden und auf dem Mehlrand verteilen. Das Ei in die Mitte schlagen.
✰ Die Zutaten zuerst mit einem breiten Messer, dann mit den Händen durcharbeiten und zu einem glatten Teig verkneten. Den Teig zu einer Kugel formen und in Folie oder ein Tuch gepackt 20 Minuten kühl ruhen lassen.
✰ Die Arbeitsfläche mit Mehl bestäuben und den Teig etwa 3 mm dick ausrollen. Zuerst mit dem größeren Förmchen dicht an dicht Kreise ausstechen, dann mit dem kleineren Förmchen Löcher aus den Kreisen herausstanzen. Die Kringel aufs Blech legen und hellgelb backen. Die Teigreste zusammenkneten, noch einmal kühlen, dann wieder ausrollen und ausstechen.
✰ Bei 190 ° (Umluft 170 °) etwa 8 bis 10 Minuten backen.
✰ Von der Orange ein wenig Saft auspressen. Puderzucker mit Rum und Saft verrühren und auf die lauwarmen Plätzchen auftragen. Trocknen lassen und in Dosen füllen.

☞ *Haltbarkeit:* Etwa 4 Wochen

Engelszünglein

(siehe Foto Seite 141)

So raben- bzw. schokoladenschwarz wie sie sind, müßten sie eigentlich eher »Teufelszünglein« heißen – für ein Weihnachtsgebäck wäre das aber wohl etwas zu unfromm. Für die typische Zungenform brauchen Sie eine ovale Ausstechform. Wenn Sie die nicht haben, können Sie den Plätzchen selbstverständlich auch jede andere Form geben.

Für etwa 40 Stück:

100 g weiche Butter, 50 g Zucker, 1 Eigelb, 1 EL Marzipanrohmasse,
100 g Mehl, 100 g gemahlene Mandeln, 2 TL Zimt, 1 Prise Salz

Für die Glasur:

100 g dunkle Kuvertüre, 2 EL gehackte Pistazien

Außerdem:

Mehl zum Ausrollen

☆ Butter, Zucker, Ei und Marzipan gut schaumig rühren. Mehl, Mandeln, Zimt ud Salz zugeben und alles zu einem glatten Teig verkneten. Den Teig zu einer Kugel formen und zugedeckt oder in Folie gewickelt eine halbe Stunde kühlen.

☆ Den Backofen auf 190 ° vorheizen. Den Teig nochmal kurz durchkneten und auf der mit Mehl ausgestreuten Arbeitsfläche etwa 4 mm dick ausrollen. Ovale Plätzchen ausstechen und in etwa 10 Minuten goldgelb backen.

☆ Die Plätzchen auf einem Kuchengitter abkühlen lassen. Die Schokolade bei sehr schwacher Hitze schmelzen und auf die Plätzchen auftragen. Mit Pistazien bestreuen, solange die Schokolade noch feucht ist.

☞ *Aufbewahrung und Haltbarkeit:* Abwarten, bis die Plätzchen vollständig getrocknet und ausgekühlt sind und, durch Pergamentlagen voneinander getrennt, in der Dose aufbewahren. Vom zweiten bis etwa zum 20. Tag sind sie perfekt.

** Schoko-Mandel-Brötchen

Ganze Mandeln und die zartbittere Schokoladenhülle machen den Reiz dieses Mürbteiggebäcks aus.

Für etwa 50 Stück:

250 g Mehl, 100 g Puderzucker, 1 Prise Salz,
abgeriebene Schale von $^1/_2$ Zitrone (oder einige Tropfen Zitronenöl),
150 g kalte Butter, 1 Ei, 100 g ungeschälte Mandeln

Für die Glasur:

100 g halbbittere Kuvertüre

☆ Mehl, Zucker, Salz sowie Zitronenschale mischen und auf die Arbeitsfläche häufen. In die Mitte eine Vertiefung drücken. Die Butter in Stückchen schneiden und auf dem Mehl verteilen. Das Ei aufschlagen und in die Vertiefung gleiten lassen.

☆ Alles zuerst mit einem breiten Messer durchhacken, dann mit den Händen zu einem glatten Teig verkneten (oder von der Küchenmaschine zu Teig verarbeiten lassen). Zuletzt die Mandeln in den Teig kneten. Den Teig zu einer Rolle von etwa 4 cm ∅ formen, etwas flach drücken. 20 Minuten kühl stellen.

☆ Die Teigstange in etwa 4 mm dicke Scheiben schneiden und hellgelb backen: 8 bis 10 Minuten bei 180 ° (Umluft 160 °). Während die Plätzchen abkühlen, die Kuvertüre bei geringer Hitze schmelzen. Wieder fest werden lassen. Noch einmal schmelzen. (Sie können selbstverständlich die Schokolade auch nur einmal schmelzen – sie glänzt dann aber nach dem Trocknen nicht so schön.)

☆ Die Mandelbrötchen eins nach dem anderen jeweils zur Hälfte in die flüssige Schokolade tunken. Auf Pergament oder einem Kuchengitter trocknen lassen.

☞ *Haltbarkeit:* In der Dose bleiben die Plätzchen 3 bis 4 Wochen lang gut.

** Nußhäufchen

(siehe Foto Seite 33)

Für etwa 50 Stück:

*½ Vanilleschote, 250 g Puderzucker, 120 g gemahlene Mandeln,
120 g gemahlene Haselnüsse, 1 Msp gemahlene Nelken,
1 ganzes Ei und 1 Eigelb (falls die Eier sehr klein sind: 2 ganze Eier)*

Für den Belag:

100 g Erdnußkerne (ungesalzen), 100 g Zucker

Außerdem:

Puderzucker zum Ausrollen

✰ Die halbe Vanilleschote der Länge nach aufschlitzen und das Mark herauskratzen. Vanille, Zucker, Mandeln, Haselnüsse und Nelkenpuder miteinander vermischen und mit Ei und Eigelb zu einem festen Teig verarbeiten. Zugedeckt mindestens eine halbe Stunde kühlen.
✰ Den Backofen auf 200 ° vorheizen und Bleche mit Backpapier oder Dauerbackfolie belegen. Die Arbeitsfläche mit Puderzucker bestreuen und den Teig darauf etwa 4 mm dick ausrollen. Kleine Kreise ausstechen und 10 bis 12 Minuten backen.
✰ Während die Plätzchen abkühlen, den Zucker in einem Topf bei niedriger Temperatur schmelzen. Die Erdnüsse kurz im flüssigen Zucker schwenken, und auf jedes Plätzchen einige Erdnußkerne setzen.

☞ *Aufbewahrung und Haltbarkeit:* Die Plätzchen auf einem Kuchengitter vollständig auskühlen lassen. In Dosen füllen und möglichst innerhalb von zwei Wochen verbrauchen.

Marzipanschnitten

(siehe Foto Seite 145)

Für ca. 40 Stück:

75 g weiche Butter, 50 g Puderzucker, 125 g Mehl, 1 Prise Salz,
abgeriebene Schale von ½ unbehandelten Zitrone, 1 Eiweiß
400 g Marzipanrohmasse, 25 g gehackte Pistazienkerne

Außerdem:

Mehl zum Ausrollen, 1 Eigelb, 2 EL Sahne

☆ Butter mit Zucker schaumig rühren. Mehl, Salz, Eiweiß und Zitronenschale zufügen und zu einem glatten Teig verkneten. 30 Minuten kalt stellen.
☆ Inzwischen die Marzipanrohmasse in einer Rührschüssel mit den Pistazienkernen per Handrührer verkneten. Die Masse zu zwei langen Rollen formen.
☆ Den Teig auf der bemehlten Arbeitsfläche 2 bis 3 mm dick ausrollen und zwei Rechtecke in der Länge der Marzipanrollen ausschneiden. Die Marzipanstränge längs auf die Teigstreifen legen und damit umwickeln. An den Nahtstellen gut festdrücken. Erneut 30 Minuten kalt stellen.
☆ Backofen auf 180 ° vorheizen. Die Rollen auf ein mit Backpapier belegtes Blech legen. Eigelb und Sahne miteinander verquirlen, die Rollen damit bestreichen. 20 bis 25 Minuten backen. Die Marzipanrollen etwas abkühlen lassen und noch warm schräg in fingerdicke Scheiben schneiden. Auf einem Kuchengitter ganz auskühlen lassen.

☞ *Haltbarkeit:* 3 bis 4 Wochen.

** Ingwer-Schmätzchen

(siehe Foto Seite 141)

Für etwa 50 Stück:

100 g kandierter Ingwer, 1/2 Vanilleschote, 1 Ei, 200 g Mehl,
100 g weiche Butter, 125 g Zucker, 1 Prise Salz,
75 g gemahlene Mandeln, 1/2 TL Zimt

☆ Den Ingwer sehr fein hacken oder im Mixer pürieren. Die Vanilleschote der Länge nach aufschlitzen und das Mark herauskratzen. Das Ei trennen. Mehl, Butter, 2 EL Zucker, Vanille, Eigelb, Salz und Ingwer zu einem glatten Teig verkneten und mindestens eine Stunde kühlen.
☆ Eiweiß, den restlichen Zucker, Mandeln und Zimt in einen kleinen Topf füllen, gut vermischen und, bei schwacher Hitze, mit dem Schneebesen des Handrührers zu einer dicken Creme schlagen. Abkühlen lassen.
☆ Den gekühlten Teig mit der Mandelmasse verkneten. Den Backofen auf 180 ° vorheizen, Bleche mit Backpapier oder -folie auslegen. Etwa kirschgroße Kugeln formen, aufs Blech setzen und in etwa 10 Minuten goldgelb backen.
☆ Die abgekühlten Plätzchen nach Belieben mit Zuckerguß oder flüssiger Schokolade dekorieren.

☞ *Aufbewahrung und Haltbarkeit:* Die Ingwer-Schmätzchen schmecken frisch gebacken sehr fein, sind aber auch nach drei Wochen Dosen-Aufenthalt noch lecker.

* Spekulatius

(siehe Foto Seite 97)

Spekulatius sind eine niederländische Tradition und eigentlich nichts anderes als flaches Gebäck aus Mürbteig, der weihnachtlich gewürzt und eventuell mit Mandeln angereichert ist. Das Besondere sind die Formen: Der Teig wird in Holzmodel gedrückt und bekommt so ein Bild aufgeprägt. Praktisch ist ein Rollmodel, das im Prinzip nichts anderes ist als ein Ausroll-Holz mit eingeschnitzten Bildchen, die sich beim Darüberrollen auf den Teig übertragen. Aber auch ohne Model können Sie Plätzchen einen Spekulatius-Touch geben: erstens natürlich durch die Gewürze, aber auch, indem Sie mit einem Holzstäbchen Muster in ausgeschnittene Teigstückchen einzeichnen.

<u>Für etwa 45 Stück:</u>

250 g Mehl, 1/2 TL Backpulver, 150 g Puderzucker, 1 TL Zimt,
1/2 TL Nelkenpulver, 1 Msp Kardamom, 1 Msp gemahlener Ingwer,
125 g kalte Butter, 2 Eiweiß

<u>Außerdem:</u>

100 g Mandelblättchen

☆ Mehl mit Backpulver, Zucker und den Gewürzen mischen und auf die Arbeitsplatte häufen. In die Mitte eine Vertiefung drücken. Die Butter klein schneiden und auf dem Mehl verteilen. Das Eiweiß in die Mitte geben.
☆ Alle Zutaten mit einem breiten Messer kurz durchhacken, dann mit den Händen zu einem glatten Teig verkneten. Eingewickelt 20 Minuten kühl stellen. Backbleche mit den Mandeln ausstreuen.
☆ Für Roll-Model: Den Teig dünn ausrollen und mit dem Model prägen.
☆ Für Einzel-Model: Die Model mit Mehl einstäuben, etwas Teig hineindrücken und einen straff gespannten Faden zwischen Model und Teig durchziehen. Den im Model verbliebenen Teig herausklopfen und den Spekulatius mit der Bildseite nach oben auf das Blech legen.
☆ Bei 180 ° (Umluft 160 °) etwa 12 Minuten hellgelb backen. Während des Backens verbinden sich die Spekulatius mit den Mandeln.

☞ *Haltbarkeit:* Spekulatius schmecken auch noch nach 4 Wochen.

** Schokosterne

Hier ist es einmal umgekehrt: Während üblicherweise helle Plätzchen mit Schokolade überzogen werden, wird für die Schokosterne der Mürbteig selbst mit Schokolade zubereitet. Auf die Plätzchen kommt dann ein Schneeflocken-Muster aus weißer Schokolade.

<u>Für etwa 50 Stück:</u>

250 g Mehl, 250 g Puderzucker, 50 g dunkles Kakaopulver,
1 TL Zimt, 1 Prise Salz, 150 g kalte Butter, 1 Ei, 1 EL Rum

<u>Außerdem:</u>

Mehl für die Arbeitsfläche, Plastikbeutelchen oder Pergamenttütchen
(siehe auch Seite 192)

<u>Für die Dekoration:</u>

100 g weiße Kuvertüre

☆ Mehl, Zucker, Kakao, Zimt und Salz vermischen und auf die Arbeitsfläche häufen. In die Mitte eine Vertiefung drücken. Das Ei und den Rum hineinfüllen. Die Butter klein schneiden und auf dem Mehl verteilen. (Oder alle Zutaten in der Küchenmaschine verarbeiten.)
☆ Mit einem breiten Messer die Zutaten kurz durchhacken, dann schnell zu einem glatten Teig verkneten, zu einer Kugel rollen und in Klarsichtfolie verpackt 20 Minuten lang kühlen.
☆ Backofen auf 180 ° vorheizen. Backbrett mit Mehl bestäuben und den Teig etwa 3 mm dick ausrollen. Sterne ausstechen und auf Backbleche setzen. Etwa 10 Minuten backen (Umluft 160 °). Bitte aufmerksam dabei bleiben, denn den Sternen sieht man, weil sie ja schon dunkel sind, nicht an, wann sie zu lange gebacken haben.
☆ Die Plätzchen abkühlen lassen. Die Kuvertüre bei schwacher Hitze schmelzen und in eine Tüte oder einen Gefrierbeutel füllen. Eine winzige Ecke abschneiden. Mit der Schokolade Schneeflocken-Muster auf die Sterne tupfen oder malen.

☞ *Haltbarkeit:* In der Dose gut 3 Wochen.

** Springerle

(siehe Foto Seite 33)

Für dieses dekorative Gebäck brauchen Sie Holzmodel, mit denen Sie dem Teig Bilder oder Ornamente aufdrücken.

Für etwa 40 Stück:

1 Msp Hirschhornsalz, 1 TL Rum, 2 Eier, 250 g Zucker, abgeriebene Schale von 1 Zitrone, 250 g Mehl

Außerdem: Mehl zum Ausrollen

☆ Das Hirschhornsalz im Rum auflösen. Die Eier mit dem Zucker mit dem Schneebesen des Handrührers oder der Küchenmaschine zu einer steifen Schaummasse rühren. Das Hirschhornsalz dazugeben.
☆ Die Eiermasse mit dem Mehl zu einem glatten, festen Teig verkneten und etwa eine Stunde zugedeckt ruhen lassen.
☆ Den Teig auf der bemehlten Arbeitsfläche knapp 1cm dick ausrollen.
☆ Wenn Sie einzelne Model haben: Gut mit Mehl bestäuben, in den Teig hineindrücken und mit einem Messer oder Teigrädchen die Ränder glatt oder wellig abschneiden.
☆ Wenn Sie eine Modelrolle haben: Gut mit Mehl bestäuben und langsam, mit festem Druck über den Teig rollen. Mit Messer oder Teigrädchen die einzelnen Motive voneinander trennen.
☆ Die Springerle auf mit Backpapier ausgelegte Bleche legen und **über Nacht** bei Zimmertemperatur trocknen lassen.
☆ Am nächsten Tag bei etwa 175 ° (Umluft 150 °) in 12 bis 15 Minuten hellgelb backen. Die Plätzchen sollen außen knusprig und innen noch weich sein. Wenn Sie Glück haben, haben die Springerle auch die typischen Füßchen bekommen!
☆ Die fertigen Springerle mit gefärbtem Zuckerguß bemalen.

☞ *Aufbewahrung und Haltbarkeit:* Frisch aus dem Backofen schmeckt dieses Eierschaumgebäck ausgesprochen lecker. Gönnen Sie sich diesen Genuß und kalkulieren Sie dementsprechend Schwund ein. Vollständig ausgekühlt kommen die Springerle in Dosen. Dort werden sie zunächst einmal hart und erst nach einer Weile, so nach ein bis zwei Wochen, bekommen sie dann ihre endgültige Konsistenz: fest, aber nicht zu hart. Ein Apfelstückchen gehört unbedingt in die Dose. Die Plätzchen sind viele Wochen lang genießbar.

** Anisplätzchen

Eigentlich sind es ja ganz einfache Plätzchen: Eine ausgiebig gerührte Eierschaummasse, in Häufchen aufs Blech gesetzt und bei mäßiger Temperatur gebacken. Und doch gibt es für diese Plätzchen keine hundertprozentige Geling-Garantie. Denn von Anisplätzchen wird erwartet, daß sie »Füßchen« haben, diese Füßchen wollen sich aber leider nicht immer einstellen. Ich habe einen Konditor gefragt, der wunderbares Weihnachtsgebäck anbietet und dessen Anisplätzchen stets tadellose Füßchen aufweisen. Wichtig sei völlig trockenes Mehl, weswegen es auch leicht gewärmt wird. Ebenso, daß ausgiebig gerührt werde und die noch ungebackenen Plätzchen einen möglichst trockenen Platz zum Ruhen fänden. Aber er sagte auch, daß ihm, obwohl er das alles beachte, etwa jedes fünfte Blech mißlinge. Grämen Sie sich also nicht, wenn Ihren Anisplätzchen die eleganten Füßchen fehlen. An Wohlgeschmack wird es ihnen jedenfalls nicht mangeln.

Für etwa 100 Stück:

300 g Mehl, 300 g Puderzucker, 4 mittelgroße Eier,
1 gehäufter TL Anispulver

☆ Das Mehl in eine breite Metallschüssel füllen und im 50 ° warmen Backofen eine halbe Stunde wärmen.
☆ Den Puderzucker sieben und mit Eiern und Anis zu einer schaumigen Masse aufschlagen. Die Masse will ausdauernd gerührt werden (hoffentlich haben Sie eine Küchenmaschine dafür), 15 Minuten sollten es schon sein. Das Mehl dabei nach und nach einrieseln lassen.
☆ Backbleche mit Backpapier oder -folie auslegen oder einfetten und zusätzlich mit Mehl bestäuben. Mit Hilfe von Teelöffeln oder einer Spritztülle sehr kleine Häufchen auf die Bleche setzen und bei Zimmertemperatur **über Nacht** trocknen lassen.
☆ Am nächsten Tag die Plätzchen bei 150 ° in etwa 25 Minuten hellgelb backen.

☞ *Aufbewahrung und Haltbarkeit:* Anisplätzchen sind, mit und ohne Füßchen, ein langlebiges Gebäck. Ein Apfelstückchen in der Dose verhindert, daß sie allzu hart werden. Vier Wochen oder mehr sind kein Problem, besser werden sie dabei aber auch nicht.

Lebkuchen, Pfeffernüsse, Printen

Nichts duftet weihnachtlicher

☆ Honig und Zucker erwärmen und gut rühren ... so fangen die meisten Lebkuchenrezepte an. Ein merkwürdig zäher Teig ist es, der da angerührt wird – oft ganz ohne Ei, dafür mit einer Vielzahl von Gewürzen – aus dem die schönsten Weihnachtsträume entstehen.

☆ Lebkuchen haben eine lange Tradition – bereits im Mittelalter gab es das dunkle, lecker gewürzte, honigsüße Gebäck. So weit in die Vergangenheit reicht es zurück, daß man über die Herkunft des Wortes nichts Gewisses sagen kann. Was das Wort *Lebkuoche* ursprünglich bedeutete, darüber gehen die Meinungen auseinander. Von *laib* soll es kommen, also ein *Laibkuchen*, und um eine Art *Brotkuchen* soll es sich dabei handeln. Klingt einleuchtend. Vom hebräischen *leb* für Herz, sagen andere, soll es sich herleiten. Wie auch immer, vom kostbaren Elisenlebkuchen, der hauptsächlich aus Mandeln besteht, bis zum allerbescheidensten Lebkuchen, der fast nur aus Mehl und braunem Zucker gemacht ist – spielen Gewürze eine tragende Rolle. Als wichtigstes ist Zimt zu nennen, außerdem Nelken, Anis und Sternanis, Piment (auch Nelkenpfeffer genannt, daher das Wort Pfefferkuchen), Kardamom, Koriander, Muskat und Muskatblüte, seltener Ingwer oder Vanille.

☆ Die Gewürze machen Lebkuchen übrigens bekömmlich. Gerade in der Vorweihnachtszeit, wenn geschlemmt wird wie das ganze Jahr über nicht, und Völlegefühl einem zusetzt, können pikant gewürzte Pfefferkuchen helfen – wenn man nicht zuviele davon ißt.

☆ So gesehen sind Lebkuchen regelrechte Medizin – im Mittelalter wurden sie tatsächlich in Apotheken hergestellt und bestanden hauptsächlich aus Gewürzen, Samen, Rinden, Wurzeln und Fruchtschalen, die zerkleinert und in Form gebracht wurden. Sie können sich für die Lebkuchenbäckerei auch Ihr persönliches Lebkuchengewürz mixen und die in der Zutatenliste angegebenen Gewürze damit ersetzen.

Grundlage für kreatives Backen

☆ Einfacher Lebkuchenteig ist die Basis für viele weihnachtliche Kunstwerke. Er ist strapazierfähig, läßt sich gut in Form bringen und zerbricht nicht so leicht. Mit buntem Marzipan belegt oder mit gefärbter Zuckerglasur bemalt, entstehen so Nikoläuse (wie der lustige Nikolaus vom Titelbild), Engel, Christbäume, die buntleuchtenden Fensterherzen und ganze Knusperhäuschen.

☆ Nur ein Problem gibt es mit dem Lebkuchenteig: Er schmeckt, wenn er frisch aus dem Backofen kommt, ganz wunderbar – aber wer bringt es schon übers Herz, so einen niedlichen Nikolaus sofort zu schlachten oder das Knusperhäuschen tatsächlich gleich zu verknuspern? Backen Sie also immer noch eine Portion Lebkuchen zum Gleichessen mit.

Zeit

☆ Planen sie etwas Zeit ein. Dem Lebkuchenteig tut es gut, wenn er vor dem Backen ruhen kann, besonders gern ruht er eine ganze Nacht oder auch mal zwei oder noch länger. Aber Advent ist schließlich Wartezeit ...

** Lebkuchenhaus

☆ Nur keine Scheu, sagen Sie nicht: Das bekomme ich doch nie hin. Wie durch Hexerei werden die Häuschen irgendwie immer schön. Selbst wenn es zunächst krumm und schief dasteht und etwas armselig aussieht. Sobald es mit Baisermasse und bunten Zuckersachen verziert ist, verwandelt es sich in ein prächtiges Hexenhaus.

Zuschneiden auf zweierlei Art

☆ Sie können die Stücke aus dem Teig zurechtschneiden und backen. Das hat den Vorteil, daß die Platten schön abschließen, aber den Nachteil, daß sie beim Backen nicht unbedingt hundertprozentig die Maße beibehalten, die Sie ihnen zugeteilt haben. Oder Sie backen eine riesige Platte aus Lebkkuchenteig, so groß wie das ganze Blech und schneiden dann die fertig gebackene Platte in die richtigen Stücke. Das müssen Sie allerdings tun, bevor die Platte hart wird, also solange Sie noch warm ist.

☆ Besonders edel wird Ihr Haus, wenn Sie bereits vor dem Backen Fenster ausschneiden und in die Öffnungen Bonbons legen. Die Bonbons schmelzen beim Backen und passen sich der Fensterform an. So ergibt sich ein durchscheinendes buntes Fensterglas.

Für 1 Hexenhäuschen:

Unbedingt berücksichtigen, daß der Teig eine längere Ruhezeit braucht!

750 g Honig, 500 g Zucker, 100 geriebene Mandeln,
100 g Butter, 50 g Zitronat, 50 g Orangeat,
1 EL Zimt, 1 TL gemahlene Nelken,
Schale von 1 Zitrone, 2 EL Rum, 1 EL Pottasche, 3 Eier, 750 g Mehl

Für die Eiweiß-Spritzglasur zum Zusammensetzen der Teile und zum Verzieren:

200 g Puderzucker, 2 Eiweiß

Für die Garnitur:

Liebesperlen, Smarties, Fondantringe oder anderes buntes Zuckerzeug

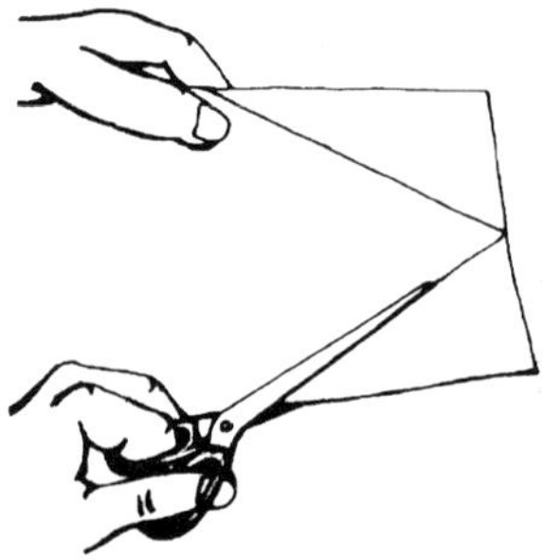

Für ein Lebkuchenhaus brauchen Sie kein großes handwerkliches Geschick. Aus einfachem Lebkuchenteig schneiden Sie zwei längliche Dreiecke,

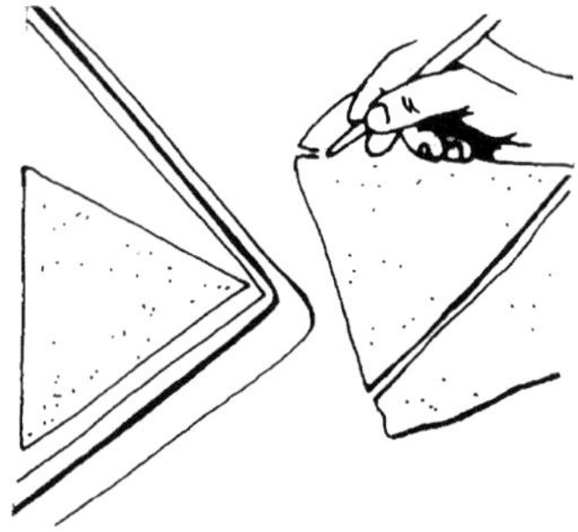

dazu zwei Rechtecke, die so breit sind wie die langen Seiten der Dreiecke,

aus den Teigresten formen Sie einen kleinen Kamin (muß nicht sein) und Tannenbäumchen.

Die Dreiecke (aus einem können Sie eine Tür herausschneiden) aufrecht stellen, die Kanten der Längsseiten dick mit Eiweißglasur bestreichen und die Rechtecke, die das bis zum Boden reichende Dach bilden, anlehnen und leicht andrücken.

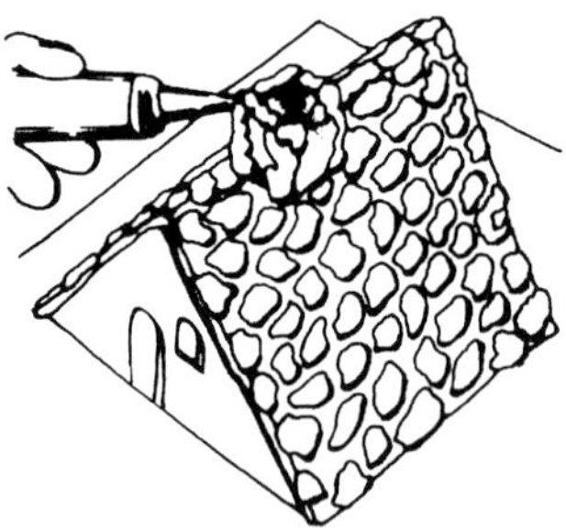

Jetzt wird nur noch dekoriert: sehr steife Baisermasse aufspritzen und Smarties, Fondantkringel, Gummibärchen usw. hineindrücken.

☆ Den Honig erwärmen und den Zucker zugeben. Bei schwacher Hitze unter Rühren köcheln, bis sich der Zucker vollständig aufgelöst hat. Butter und Mandeln hineinrühren. Zitronat und Orangeat sehr fein hacken und zugeben (kann auch weggelassen werden).

☆ Die Gewürze in die Masse rühren. Die Pottasche im Rum auflösen und zufügen.

☆ Wenn die Masse nicht mehr heiß ist, die Eier hineinrühren und zuletzt das Mehl zugeben. Alles zu einem festen, glatten Teig verarbeiten. Den Teig etliche Stunden, am besten **über Nacht**, ruhen lassen.

☆ Auf bemehlter Fläche den Teig etwa $^3/_4$ cm dick ausrollen. Zwei große Rechtecke für die Dachhälften ausschneiden, zwei Dreiecke für Front und Rückseite des Häuschens. Das ist die einfachste Form für ein hübsches Hexenhäuschen.

☆ Aus den Teigresten können Sie Figürchen backen: Rehe für den Weihnachtswald beispielsweise, oder, noch besser, Sie machen daraus kleine Lebküchlein zum Gleichessen, denn sie schmecken sehr gut, und das Lebkuchenhaus wird so wenigstens nicht angeknabbert (siehe Vorlage auf Seite 62).

☆ Für die Eiweiß-Spritzglasur zum Zusammensetzen der Teile und zum Verzieren das Eiweiß schnittfest schlagen, dabei den Puderzucker nach und nach einstreuen.

☆ Das Häuschen großzügig mit der Eiweißglasur verzieren. In die noch feuchte Glasur Smarties, bunte Fondantkringel usw. hineindrücken.

** Lebkuchenfiguren

(siehe Fotos Seite 65 und 69 und
Schablonen auf Seite 195 ff.)

Für den Teig:

200 g Honig, 100 g Zucker, 100 g Butter, 1 TL Zimt,
$^1/_2$ TL Nelken, 1 Msp Kardamom, 1 knapper TL Pottasche,
400 g Mehl, 1 kleines Ei

Zum Dekorieren:

Zuckerguß, Zuckerperlen, Rosinen, Mandeln, Mohn, Sonnenblumenkerne,
Kokosflocken, Schokostreusel usw.

☆ Honig, Zucker und Butter unter Rühren erwärmen, bis der Zucker gelöst ist. Die Gewürze zufügen und verrühren. Die Masse abkühlen lassen.
☆ Die Pottasche in 1 Eßlöffel Wasser auflösen. Das Mehl mit der Honigmasse, der Pottasche und dem Ei zu einem glatten Teig verkneten. Zugedeckt **mindestens 48 Stunden** kühl ruhen lassen.
☆ Den Backofen auf 200 ° vorheizen. Den Teig auf der bemehlten Arbeitsfläche etwa $^1/_2$ cm dick ausrollen und die gewünschten Figuren mit Hilfe von Schablonen ausschneiden. Bleche mit Backpapier oder -folie auslegen, die Figuren auf die Bleche legen und etwa 15 Minuten backen.
☆ Die abgekühlten Figuren mit buntem Zuckerguß bemalen: 250 g Puderzucker mit 2 bis 3 EL Zitronensaft verrühren. In Portionen einzeln nach Wunsch mit Lebensmittelfarbe einfärben und auftragen (z. B. Rot und Weiß für den Nikolausmantel). Bunte Zuckerperlen, Kokosflocken (als Schnee), Marzipan- und Schokoladen-Applikationen können auf den noch feuchten Zuckerguß aufgebracht werden (siehe Vorlagen Seite 65 und 69 bzw. Schablonen auf Seite 195 ff).

Lebkuchenfiguren (S. 64)

** Fensterherzen und Leuchtsterne

Aus einem einfachen Lebkuchenteig backen Sie Herzen und Sterne mit Loch in der Mitte. Ein mitgebackenes Bonbon schmilzt, paßt sich der Form an und wird so zum bunten durchscheinenden Fenster.

Für den Teig:

250 g Honig, 100 g Zucker, 250 g Mehl, 1 Päckchen Lebkuchengewürz,
1 TL Backpulver, 1 TL Kakao

Außerdem:

Mehl für die Arbeitsfläche, ungefüllte Fruchtbonbons,
kleine Herz- und Sternförmchen und eine deutlich größere von etwa 10 cm ∅
oder eine entsprechend große Pappschablone

☆ Honig und Zucker zusammen zum Kochen bringen und rühren, bis sich der Zucker vollständig aufgelöst hat. Etwas abkühlen lassen.

☆ Mehl, Lebkuchengewürz, Backpulver und Kakao vermischen, nach und nach unter den Honig rühren. Der Teig soll zäh und knetbar sein. Die Arbeitsfläche mit Mehl bestäuben und den Teig gut durchkneten. Zu einem flachen Laib formen und in Frischhaltefolie gewickelt mindestens $^1/_2$ Stunde ruhen lassen.

☆ Den Teig etwa 5 mm dick ausrollen und sehr große Herzen und Sterne von etwa 10 cm ∅ ausstechen. Wenn Sie keine so großen Formen haben, schneiden Sie sich aus Karton Schablonen zurecht, legen sie auf den Teig und schneiden mit dem Messer die Konturen aus.

☆ Den Backofen auf 180 ° vorheizen. Backbleche mit Mehl bestreuen. Aus den großen Herzen und Sternen herz- und sternförmige Öffnungen ausstechen. Die Lebkuchen aufs Blech legen, in die Öffnung jeweils ein Bonbon legen.

☆ Etwa 20 Minuten backen (Umluft 160 °). Sofort nach dem Backen, wenn die Lebkuchen noch weich sind, mit einer Stricknadel o. ä. zwei Löcher pieken, damit die Herzen und Sterne aufgehängt werden können.

☞ *Haltbarkeit:* In der Dose würden sie viele Wochen halten, als Dekoration aufgehängt werden sie allerdings innerhalb weniger Tage steinhart und ungenießbar.

** Biberle

(siehe Foto Seite 145)

<u>Für etwa 70 Stück:</u>

125 g Honig, 75 brauner Zucker, 2 EL Speiseöl, 1 gehäufter TL Backpulver, 200 g Mehl, 1 TL Zimt, 1/2 TL Nelken, 1/2 TL Piment, 300 g Marzipanrohmasse, 2 TL Zitronensaft, 1 Eiweiß

<u>Für die Glasur:</u>

50 g Zucker

<u>Außerdem:</u>

Mehl zum Ausrollen

✰ Honig, Zucker und Öl in einem Topf erwärmen, dabei rühren, bis sich der Zucker vollständig aufgelöst hat. Ein wenig abkühlen lassen.
✰ Backpulver mit Mehl und Gewürzen vermischen und mit der lauwarmen Masse zu einem glatten Teig verkneten. Zugedeckt eine Stunde kühl stellen.
✰ Die Arbeitsfläche mit Mehl bestäuben. Den Honigteig dünn ausrollen und in schmale Rechtecke schneiden. Die Marzipanmasse mit dem Zitronensaft verrühren und in einen Spritzbeutel mit glatter runder Tülle füllen.
✰ Auf jedes Rechteck der Länge nach einen Marzipanstreifen spritzen. Den Teig an den Längskanten mit Eiweiß bepinseln und das Marzipan darin einhüllen. Teig an den eiweißbestrichenen Kanten festdrücken. Die Rollen mit der Nahtstelle nach unten auf ein Brett legen und eine Stunde kühlen.
✰ Den Backofen auf 180 ° vorheizen. Die Rollen zickzackförmig in kleine Dreiecke schneiden und auf mit Backpapier oder -folie ausgelegte Bleche legen. Etwa 20 Minuten backen. Auf Kuchengittern auskühlen lassen.
✰ Für die Glasur den Zucker mit 2 bis 3 Eßlöffeln Wasser kurz aufkochen und die Biberle damit bepinseln.

☞ *Haltbarkeit:* 4 bis 6 Wochen.

** Printen

(siehe Foto Seite 97)

Diese Version der Printen enthält keine Kandisstückchen und ist daher etwas zahnfreundlicher als die berühmten Printen mit Biß. Die finden Sie auf Seite 70 unter der Bezeichnung »Aachener Printen«.

Für etwa 60 Stück:

150 g Honig, 150 g Zucker, 20 g Zitronat, 20 g Orangeat, 50 g Butter, 1 TL Zimt, 1 Msp Nelken, 1 Msp Kardamom, 1 Msp Muskat, 100 g gehackte Mandeln, 1/2 TL Pottasche, 1 EL Rum, 350 g Mehl

Für die Glasur:

150 g Puderzucker, 2 EL Rotwein, 2 EL Zitronensaft

Außerdem:

Backpapier oder Dauerbackfolie, die fertigen Printen lassen sich sonst kaum vom Blech lösen.

✰ Honig und Zucker erhitzen und so lange rühren, bis der Zucker ganz gelöst ist. Etwas abkühlen lassen. Inzwischen Zitronat und Orangeat sehr fein hacken. Zusammen mit der Butter, den Mandeln und den Gewürzen zum Honig geben. Die Pottasche im Rum auflösen, zum Honig geben. Nach und nach das Mehl in die Masse einarbeiten.

✰ Backofen auf 180 ° vorheizen. Backbleche mit Backpapier auslegen. Auf der bemehlten Arbeitsfläche noch einmal gut durchkneten und etwa 5 mm dick ausrollen. In Streifen von etwa 2 x 6 cm schneiden, aufs Blech legen und etwa 10 Minuten backen.

✰ Puderzucker mit Rotwein und Zitronensaft verrühren und die abgekühlten Printen damit bepinseln.

✰ Auf Wunsch können Sie vor dem Backen noch jede Printe mit einer Haselnuß versehen.

☞ *Haltbarkeit:* Abgekühlt in eine Dose geschichtet gut 2 Monate.

Anhänger und Figuren aus Lebkuchen-, Mürb- und Rührteig (Seite 28, 64 und 126)

*** Aachener Printen

Feine Kandisstückchen im Teig, die beim Essen zwischen den Zähnen zersplittern, sind charakteristisch für die Aachener Printen. Auch für die Printen gilt: Je kleiner desto feiner, schließlich sind sie zum Naschen und nicht zum Sattessen.

Für etwa 80 Stück:

50 g Zitronat, 50 g Orangeat, 250 g Honig, 200 g feiner brauner Kandis, 50 g Butter, 1 TL Zimt, 1 TL gemahlene Nelken, 1 TL gemahlener Koriander, 1 TL Kardamom, 1 TL Pottasche, 2 EL Rum, 500 g Mehl

Außerdem: *Backpapier, Mehl fürs Brett*

Für die Glasur: *200 g dunkle Kuvertüre*

✰ Zitronat und Orangeat sehr fein hacken. Den Honig mit der Butter erwärmen. Den Kandiszucker in einen Gefrierbeutel geben und mit der Teigrolle zerdrücken. Die Kandiskrümel mit dem Honig verrühren.

✰ Den Topf vom Herd nehmen, die Gewürze zugeben. Die Pottasche im Rum auflösen und in die Masse rühren. Zuletzt das Mehl einarbeiten und alles zu einem festen Teig verkneten.

✰ Den Teig zugedeckt etliche Stunden, am besten **über Nacht**, bei Zimmertemperatur ruhen lassen.

✰ Den Backofen auf 180 ° vorheizen. Den Teig auf der bemehlten Arbeitsfläche etwa 4 mm dünn ausrollen und in kleine Rechtecke schneiden. 2 cm breit und 4 cm lang sind sie schon groß genug.

✰ Die Printen mit etwas Abstand (sie gehen beim Backen noch auseinander) auf das mit Backpapier ausgelegte Blech legen und etwa 12 Minuten (Umluft 160 °) backen. Abkühlen lassen.

✰ Die Kuvertüre bei schwacher Hitze schmelzen und die Printen damit überziehen. Wenn die Schokoladenglasur schön glänzen soll, nach dem ersten Schmelzen noch einmal erstarren lassen und ein zweites Mal schmelzen, bevor Sie die Printen damit bepinseln.

☞ *Haltbarkeit:* Gut ausgekühlt in die Dose gepackt, halten sich die Printen leicht zwei Monate.

*** Weiche Schokoladen-Printen

(siehe Foto Seite 77)

Für etwa 35 Stück:

200 g Honig, 1 EL Orangensaft, 30 g feiner brauner Kandiszucker, 1 EL weißer Zucker, 1 TL Pottasche, 3 EL Rum, 2 EL Sultaninen, 200 g Mehl, 1 TL Zimt, 1 Msp gemahlener Anis, 1 Msp Kardamom, 1 Msp gemahlener Ingwer, 1 Msp Vanillemark, abgeriebene Schale von 1 unbehandelten Orange, 1 TL dunkles Kakaopulver, 50 g Mandelstifte

Für die Glasur: *200 g dunkle Kuvertüre*

Außerdem: *Mehl zum Ausrollen*

☆ Honig und Orangensaft behutsam, unter Rühren, erwärmen, Kandis und weißen Zucker hineinrühren. Abkühlen lassen.

☆ Die Pottasche im Rum auflösen. Die Sultaninen fein hacken und mit Mehl, Gewürzen, Orangenschale und Kakao vermischen. Honigmasse, Pottasche und Mehlmischung zu einem glatten Teig verkneten.

☆ Den Teig in Klarsichtfolie wickeln und etwa **1 Woche** bei Zimmertemperatur ruhen lassen.

☆ Den Backofen auf 180 ° vorheizen. Den Teig etwa 1/2 cm dick ausrollen, mit den Mandeln bestreuen und in etwa 2 x 5 cm große Streifen schneiden. Auf einem mit Backpapier oder -folie ausgelegten Blech etwa 12 bis 15 Minuten backen (Umluft 160 °). Die Printen auf Kuchengittern auskühlen lassen.

☆ Die Schokolade bei schwacher Temperatur schmelzen und die Printen damit überziehen. Für besonders schönen Glanz die Schokolade zweimal schmelzen.

☞ *Aufbewahrung und Haltbarkeit:* Wenn die Schokolade trocken und die Printen vollständig ausgekühlt sind, kommen sie in die Dose, durch Lagen von Pergament voneinander getrennt. Naschen Sie ruhig schon ein oder zwei, sie sind frisch sehr lecker, halten aber auch gut und gern einen Monat.

** Magenbrot

(siehe Foto Seite 97)

Der Name dieses Gebäcks, das auf Jahrmärkten oder auf dem Münchner Oktoberfest zu den Standard-Süßigkeiten gehört, deutet auf seine Herkunft aus dem mittelalterlichen Gesundheitswesen hin: Die als magenfreundlich und heilsam geltenden Gewürze wurden mit Honigteig in eine genießbare Form gebracht.

Für etwa 60 Stück:

200 g Honig, 50 g Butter, 100 g brauner Zucker, 2 TL Pottasche, 3 EL Rum,
1 Ei, 500 g Mehl, 1 EL dunkles Kakaopulver, 1 TL Zimt,
je $^1/_2$ TL gemahlene Nelken, Kardamom und gemahlener Piment

Für die Glasur:

1 EL Kaffee, 2 EL Rum, 3 EL Puderzucker

Außerdem:

Mehl zum Ausrollen

✰ Honig, Butter und Zucker unter stetigem Rühren erwärmen, dann abkühlen lassen. Die Pottasche im Rum auflösen.
✰ Honigmasse, Pottasche, Ei, Mehl, Kakao und Gewürze zu einem glatten Teig verarbeiten und zugedeckt 1 bis 2 Stunden ruhen lassen.
✰ Den Backofen auf 200 ° vorheizen. Den Teig mit Mehl bestäuben und auf gut bemehlter Fläche – langsam und mit wenig Druck – etwa 1 cm dick ausrollen. Kreise ausstechen oder Rauten ausschneiden und auf mit Backpapier oder -folie ausgelegten Blechen in etwa 10 Minuten hellbraun backen.
✰ Kaffee und Rum mit dem Puderzucker verrühren und auf die noch warmen Magenbrötchen streichen.

☞ *Aufbewahrung und Haltbarkeit:* in Dosen aufbewahrt hält sich das Magenbrot zwar viele Wochen, trocknet aber im Lauf der Zeit doch etwas aus. So richtig lecker ist es in den ersten zwei Wochen.

** Weiße Pfeffernüsse

(siehe Foto Seite 97)

Das sind niedliche kugelige Lebküchlein, deren Aroma vom Nelkenpfeffer (Piment) bestimmt wird.

<u>Für etwa 50 Stück:</u>

100 g Honig, 50 g Zucker, 100 g Butter, 275 g Mehl,
1 gehäufter TL Backpulver, 1 TL gemahlener Piment (Nelkenpfeffer),
1 TL Zimt, $^1/_2$ TL gemahlene Nelken, 1 Msp Kardamom

<u>Außerdem:</u>

Mehl für die Arbeitsfläche, Backpapier

<u>Für den Guß:</u>

150 g Puderzucker, 1 EL Rum, 1 EL Zitronensaft

☆ Honig mit Zucker und Butter langsam erwärmen. Dabei rühren, bis sich der Zucker aufgelöst hat. Den Topf vom Herd nehmen und die die Gewürze zugeben. Abkühlen lassen.
☆ Bleche mit Backpapier auslegen. Das Mehl mit dem Backpulver vermischen und mit der Honigmasse zu einem festen Teig verkneten. Auf der bemehlten Arbeitsfläche zu schmalen Rollen formen. Die Rollen in Scheibchen schneiden und diese wiederum zwischen den Händen zu etwa kirschgroßen Kugeln formen.
☆ Die Kugeln aufs Blech setzen und etliche Stunden, am besten **über Nacht**, antrocknen lassen.
☆ Den Backofen auf 190 ° vorheizen und die Pfeffernüsse in etwa 12 bis 15 Minuten goldbraun backen (Umluft 170 °).
☆ Puderzucker mit Rum und Zitronensaft verrühren und die abgekühlten Pfeffernüsse dick damit bepinseln.

☞ *Haltbarkeit:* Die Pfeffernüsse halten in der Dose leicht zwei Monate.

*** Liegnitzer Bomben

Sie machen ihrem Namen alle Ehre: üppiger mandelhaltiger Lebkuchenteig mit einer Füllung aus Marzipan und Früchten und einem Überzug aus Schokolade. Das Abendessen fällt dann wohl lieber aus …

Für etwa 45 Stück:

Für den Teig:

150 g Honig, 100 g Zucker, 40 g Zitronat, 100 g gemahlene Mandeln,
1 TL Zimt, 1/2 TL Nelken, 1/2 TL Kardamom,
250 g Mehl, 2 TL Backpulver,
1 TL ungesüßtes Kakaopulver

Für die Füllung:

50 g kandierter Ingwer, 50 g Orangeat, 100 g Marzipanrohmasse,
4 EL Orangenmarmelade, 2 EL Grand Marnier,
50 g Korinthen

Außerdem:

runde Oblaten von etwa 4 cm ∅,
Mehl für die Arbeitsfläche

Für die Glasur:

200 g dunkle Kuvertüre, 100 g Belegkirschen,
50 g gehackte Pistazien

☆ Honig und Zucker sanft erwärmen, dabei ständig rühren, bis sich der Zucker aufgelöst hat. Topf vom Herd nehmen und Zitronat, Mandeln und Gewürze dazurühren. Das Mehl mit Backpulver und Kakao mischen, dann in die Masse einarbeiten. Den Teig **über Nacht** bei Zimmertemperatur ruhen lassen.

☆ Ingwer und Orangeat sehr fein hacken und mit Marzipan, Marmelade, Likör und Korinthen gut vermengen.

✰ Den Teig auf dem bemehlten Backbrett etwa 4 mm dick ausrollen und in etwa 12 cm breite Streifen schneiden. Mit der Füllung bestreichen, dabei an der Längsseite einen Rand frei lassen. Der Länge nach fest zusammenrollen. Die Rollen sollen im Durchmesser etwas kleiner sein als die Oblaten.
✰ Den Backofen auf 190 ° vorheizen. Die Rolle in 1 bis 2 cm dicke Scheiben schneiden und jede Scheibe auf eine Oblate setzen. Etwa 20 Minuten backen (Umluft 170 °).
✰ Die Kuvertüre bei niedriger Temperatur schmelzen und die kleinen Bomben damit überziehen. Die noch feuchte Schokolade mit gehackten Pistazien bestreuen, und auf jede Bombe 1 oder 2 Kirschhälften setzen.

☞ *Haltbarkeit:* In Dosen gepackt 2 bis 3 Wochen.

** Weiße Lebkuchen

Während die meisten Lebkuchen ganz oder fast ohne Ei auskommen, besteht bei diesem zarten hellen Lebkuchen die Masse vorwiegend aus Ei. Diese Lebkuchen wollen nicht allzu alt werden.

Für etwa 15 Stück:

250 g Mandeln, 1 Zitrone, 50 g Zitronat, 50 g Orangeat, 5 Eier,
250 g Zucker, 1 TL Zimt, 1/2 TL gemahlene Nelken,
1/2 TL gemahlener Anis, 1 Msp Kardamom, 1/2 TL Hirschhornsalz,
1 EL Kirschwasser, 150 bis 200 g Mehl

Außerdem:

rechteckige Oblaten, etwa 5 x 8 cm oder auch kleiner
(sehr große Oblaten evtl. zerteilen)

Für die Dekoration:

geschälte Mandelhälften

☆ Die Mandeln mit kochendem Wasser übergießen, 1 Minute stehen lassen, kalt abspülen und die Schale abziehen. In der Mandelmühle oder in der Moulinette zerkleinern. Die Zitrone heiß waschen, abtrocknen und die Schale abreiben. Zitronat und Orangeat sehr fein hacken.

☆ Die Eier mit dem Zucker sehr schaumig rühren (den Teig am besten in der Küchenmaschine zubereiten). Zitronenschale, Zitronat, Orangeat und Gewürze zugeben. Das Hirschhornsalz im Kirschwasser auflösen und zugeben. Zuletzt das Mehl einarbeiten. Der Teig darf nicht zu fest werden, er soll eine streichfähige Konsistenz haben.

☆ Die Oblaten spalten, so daß aus jeder Oblate zwei von gleicher Größe werden. Den Teig auf die rauhe Seite streichen. In die Mitte und in die Ecken Mandelhälften drücken. Die Lebkuchen **über Nacht** trocknen lassen, dann bei 160 ° (Umluft 140 °) hellgelb backen.

☞ *Haltbarkeit:* In der Dose etwa 3 Wochen.

Weiche Schokoladenprinten (S. 71), Schokolebkuchen (S. 78), Pflastersteine (S. 87)

Schokolebkuchen

(siehe Foto Seite 77)

Ganze Eier und jede Menge Mandeln, aber kein Mehl enthält dieser feine Lebkuchenteig. Er wird im Ganzen gebacken und anschließend in beliebig große Vierecke geschnitten.

Für 1 Blech:

50 g Zitronat, 50 g Orangeat, 1 unbehandelte Zitrone,
3 Eier, 300 g Zucker, 300 g gemahlene Mandeln, 1 gehäufter TL Zimt,
1/2 TL gemahlene Nelken, 1 Msp Kardamom

Außerdem:

Backpapier oder Dauerbackfolie

Für die Glasur:

200 g dunkle Kuvertüre, 50 g weiße Kuvertüre

☆ Zitronat und Orangeat sehr fein hacken. Die Zitrone heiß waschen, abtrocknen, die Schale abreiben und den Saft auspressen. Eier und Zucker mit dem Handrührer oder in der Küchenmaschine sehr schaumig schlagen.

☆ Die Gewürze, 2 EL vom Zitronensaft (den Rest aufheben für die Glasur), die Zitronenschale, Zitronat und Orangeat zugeben und verrühren. Die Mandeln in die Masse rühren. Diese soll zäh, aber gut streichfähig sein. Falls der Teig zu flüssig ist (etwa weil die Eier sehr groß waren), noch etwas gemahlene Mandeln zugeben.

☆ Blech mit Backpapier oder -folie auslegen und die Lebkuchenmasse darauf streichen.

☆ Bei 160 ° (Umluft 140 °) etwa 30 Minuten backen. Die Kuvertüre schmelzen und auf die Lebkuchenplatte streichen. Nach dem Erkalten in Stücke von gewünschter Größe schneiden und mit feinen Linien von geschmolzener weißer Kuvertüre (siehe Deko-Tips Seite 191 ff.) verzieren.

☞ *Haltbarkeit:* Halten zur Not 1 bis 2 Monate, werden dabei aber nicht besser.

** Haselnußlebkuchen

Als Gewürz nur Zimt, aber davon reichlich – so schmecken die Haselnußlebkuchen hinreißend.

Für 20 bis 25 Stück:

4 Eier, 250 g Zucker, abgeriebene Schale von ½ unbehandelten Zitrone (oder einige Tropfen Zitronenaroma), 1 gehäufter TL Zimt, 1 EL Stärke, 300 bis 400 g (je nach Größe der Eier) gemahlene Haselnüsse

Außerdem:

runde Oblaten von 7 cm ∅, Fett fürs Blech

Für die Dekoration:

ganze Haselnußkerne

✰ Die Eier mit dem Zucker per Handrührer oder in der Küchenmaschine zu einer schaumigen Masse rühren. Zitronenschale, Zimt und Stärke unterrühren. Nach und nach die Nüsse zugeben. Der Teig ist gut, wenn er sich auf die Oblaten streichen läßt und dabei noch ein ganz klein wenig breitläuft, so daß die Lebkuchen schön rund werden. Er darf aber nicht so weich sein, daß er die Oblaten verläßt.

✰ Die Masse etwa 1 cm dick auf die Oblaten streichen und auf das geölte Backblech setzen. Auf jeden Lebkuchen einen weißen Haselnußkern setzen. (Dazu die Haselnüsse mit kochendem Wasser übergießen, 1 Minuten stehen lassen, mit kaltem Wasser übergießen und anschließend die braune Haut abziehen. Das ist leider eine ziemliche Fummelarbeit.)

✰ Bei Zimmertemperatur einige Stunden stehen lassen. Bei 160 ° (Umluft 140 °) etwa 20 bis 30 Minuten backen.

☞ *Haltbarkeit:* Die Lebkuchen schmecken ganz frisch himmlisch, halten aber in der Dose auch ein paar Wochen (werden dabei jedoch nicht besser).

** Gefüllte Lebkuchenmonde

Lebkuchenteig wird hier gefüllt mit einer feinen Masse aus erfrischender Orangenmarmelade und Marzipan – eine köstliche Kombination!

Für etwa 30 Stück:

Für den Teig:

100 g Honig, 100 g Zucker, 70 g Butter, 1 EL dunkles Kakaopulver,
$^1/_2$ TL Zimt, 1 Msp gemahlene Nelken,
1 Msp Kardamom, 1 Ei, 250 g Mehl, 1 TL Backpulver

Für die Füllung: *150 g Orangenmarmelade, 100 g Marzipanrohmasse*

Außerdem: *1 Eiweiß zum Bestreichen, Mehl zum Ausrollen, Backpapier*

Für die Glasur: *200 g dunkle Kuvertüre, 2 EL Grand Marnier*

☆ Honig und Zucker langsam erwärmen und rühren, bis sich der Zucker vollständig aufgelöst hat. Butter, Kakaopulver und Gewürze zufügen. Wenn die Masse etwas abgekühlt ist, das Ei unterrühren.
☆ Mehl und Backpulver mischen und zusammen mit der Honigmasse verkneten. Zudecken und **über Nacht** bei Zimmertemperatur stehen lassen.
☆ Die Marzipanrohmasse zerkrümeln und mit der Orangenmarmelade verrühren. Den Teig auf dem gut bemehlten Brett 3 bis 4 mm dünn ausrollen, Kreise von etwa 6 cm ∅ ausstechen.
☆ Den Backofen auf 180 ° vorheizen. Die Ränder mit Eiweiß bepinseln, auf jede Teigscheibe einen knappen Teelöffel der Orangen-Marzipan-Füllung geben, die Kreise zu Halbmonden übereinanderklappen und die Ränder festdrücken.
☆ Die Plätzchen etwa 12 Minuten backen (Umluft 160 °). Die Kuvertüre bei schwacher Hitze schmelzen, mit dem Orangenlikör verrühren und die abgekühlten Monde damit überziehen.

☞ Deko-Tip: Sehr edel sieht es aus, wenn Sie jedes Plätzchen, solange der Guß noch nicht trocken ist, mit einer hauchdünnen Scheibe kandierter Zwergorange (Kumquat) belegen.
Haltbarkeit: In der Dose 4 bis 6 Wochen.

** Holländische Honig-Küchlein

Für etwa 60 Stück:

*50 g Zitronat, 50 g Orangeat, 250 g Honig, 200 g Zucker,
70 g Butter, 100 ml Milch, 1 TL Zimt, 1 Msp Koriander,
125 g gemahlene Mandeln, 500 g Mehl, 1 Päckchen Backpulver*

Für die Füllung:

1 Glas Aprikosenmarmelade

Für die Glasur:

300 g dunkle Kuvertüre, 50 g gehackte Mandeln

Außerdem:

Backpapier, Fett zum Einölen

☆ Zitronat und Orangeat fein hacken. Honig mit Zucker bei schwacher Hitze erwärmen und rühren, bis sich der Zucker aufgelöst hat. Mit Butter und Milch verrühren, Zitronat, Orangeat, Gewürze und Mandeln zugeben.
☆ Zuletzt das Mehl mit dem Backpulver vermischen und zusammen mit der Masse zu einem glatten Teig verkneten. Bei Zimmertemperatur wenigstens 2 Stunden, gern aber auch **über Nacht** ruhen lassen.
☆ Das Backpapier in Backblechgröße zurechtschneiden und einölen. Den Teig auf dem Papier ausrollen und mitsamt dem Papier aufs Blech legen.
☆ Bei 180 ° (Umluft 160 °) etwa 30 bis 40 Minuten backen. Etwas auskühlen lassen. Dann die Teigplatte in der Mitte durchschneiden.
☆ Die untere Hälfte mit der Aprikosenmarmelade bestreichen, die zweite Platte vorsichtig darauflegen. Mit Brettchen o. ä. beschweren und einige Stunden bzw. **über Nacht** stehen lassen.
☆ Den Kuchen in kleine Würfel schneiden. Die Schokolade schmelzen und die Lebkuchenwürfel damit überziehen. Mit gehackten Mandeln bestreuen.

☞ *Haltbarkeit:* In der Dose gut und gern 4 Wochen.

** Knusprige dünne Lebkuchenrauten

Für etwa 60 Stück:

100 g Honig, 100 g Zucker, 100 g Butter, 1 TL Pottasche,
1 EL Rum, 250 g Mehl,
1 TL Zimt, 100 g Mandelblättchen

Außerdem:

Mehl zum Ausrollen, Fett fürs Blech

☆ Honig mit Zucker und Butter erwärmen und rühren, bis sich der Zucker vollständig gelöst hat. Die Pottasche im Rum auflösen und zugeben, zuletzt das Mehl mit Zimt vermischen und mit der Masse verkneten. Den Teig zugedeckt bei Zimmertemperatur **über Nacht** ruhen lassen.

☆ Auf der bemehlten Arbeitsfläche den Teig so dünn wie irgend möglich ausrollen. Das Backblech einfetten und mit den Mandelblättchen ausstreuen. Rauten ausschneiden und aufs Blech legen.

☆ Bei 170 ° (Umluft 150 °) goldbraun backen.

☞ *Haltbarkeit:* In der Dose halten die Lebkuchenrauten zwar viele Wochen – knusprig bleiben sie allerdings nur kurze Zeit.

** Walnußlebkuchen

<u>Für etwa 40 Stück:</u>

125 g Walnüsse, 50 g Orangeat, 150 g Marzipanrohmasse, 100 g Zucker, 4 Eiweiß, 3 EL Honig, 1/2 TL Hirschhornsalz, 1 EL Rum, 75 g Mehl

<u>Außerdem:</u>

Backoblaten von 5 cm ∅

<u>Für Glasur und Dekoration:</u>

100 g Puderzucker, 1 EL Rum, 50 g Walnußkerne

✰ Die Walnüsse und das Orangeat fein hacken. Das Marzipan in eine Schüssel krümeln, mit Zucker, Eiweiß und Honig zu einer glatten Masse rühren.
✰ Diese Masse mit einem Schneebesen oder dem Handrührer einige Minuten über Wasserdampf schlagen. Anschließend weiterrühren, bis die Masse abgekühlt ist.
✰ Das Hirschhornsalz im Rum auflösen und dazurühren. Mehl mit Orangeat und gehackten Nüssen vermischen und in die Masse einarbeiten. Den Teig auf die Oblaten streichen und **über Nacht** bei Zimmertemperatur trocknen lassen.
✰ Bei schwacher Hitze (160 °, Umuft 140 °) etwa 15 Minuten backen.
✰ Puderzucker mit Rum verrühren und die Lebkuchen damit bepinseln. Auf jeden Lebkuchen in den noch feuchten Guß eine Walnußhälfte drücken.

☞ *Haltbarkeit:* In der Dose 1 bis 2 Monate – am besten schmecken sie allerdings im ersten Monat.

*** Dominosteine

Dominosteine sind zwar etwas aufwendig in der Herstellung, dafür sind sie aber auch um Klassen besser als fertig gekaufte.

Für etwa 60 Stück:

Für den Teig:

25 g Zitronat, 25 g Orangeat, 150 g Honig, 150 g Zucker, 30 g Butter, 50 g gemahlene Mandeln, 1/2 TL Zimt, 1/2 TL gemahlener Anis, 1 Msp Nelkenpuder, 1 Msp gemahlener Piment, 1/2 TL Hirschhornsalz, 1 EL Kirschwasser, 375 g Mehl

Für die Füllung:

300 g Johannisbeergelee, 100 g Puderzucker, 1 TL Agar Agar oder Apfelpektinpulver (Reformhaus) 250 g Marzipanrohmasse, 125 g Puderzucker

Für die Glasur:

250 g dunkle Kuvertüre, 50 g weiße Kuvertüre

Außerdem:

Mehl fürs Backbrett, Backpapier, Klarsichtfolie, Plastikbeutelchen oder Pergamenttütchen

☆ Zitronat und Orangeat sehr fein hacken. Honig, Zucker und Butter sanft erwärmen und rühren, bis sich der Zucker ganz aufgelöst hat. Den Topf vom Herd nehmen, Mandeln und Gewürze zugeben.

☆ Das Hirschhornsalz in Kirschwasser auflösen, unter die Honigmasse rühren. Nach und nach das Mehl einarbeiten und alles zu einem festen Teig verkneten. Den Teig **über Nacht** zugedeckt ruhen lassen.

☆ Den Backofen auf 180 ° vorheizen. Backpapier in Größe des Backblechs zurechtschneiden und den Teig auf dem Papier ausrollen. Den Teig samt Papier aufs Blech legen. Mit der Gabel mehrfach einpieken. Etwa 20 Minuten goldbraun backen (Umluft 160 °).

☆ Das Johannisbeergelee mit 100 g Puderzucker verrühren und unter Rühren erwärmen. 1 TL Apfelpektin oder aufgelöstes Agar-Agar hineinrühren (mit Gelatine geht es auch, ist dann aber leider nichts für Vegetarier). Das Gelee gleichmäßig auf die abgekühlte Teigplatte streichen. Im Kühlschrank fest werden lassen.

☆ Inzwischen die Marzipanrohmasse mit dem restlichen Puderzucker (wenn er Klümpchen hat, durchsieben) verkneten und zwischen zwei Bogen Klarsichtfolie in Größe der Teigplatte ausrollen. Auf die erstarrte Geleeschicht legen. Das Ganze mit einem sehr scharfen Messer (damit Sie möglichst wenig drücken müssen) in kleine Rechtecke schneiden.

☆ Die Kuvertüre bei sehr schwacher Hitze schmelzen – wenn die Kuvertüre schön glänzen soll, zwischendurch abkühlen und ein zweites Mal schmelzen. Die Dominosteine jeweils von der Unterseite her mit der Gabel aufspießen und in die Kuvertüre tauchen. Die Unterseite muß nicht mit Schokolade überzogen sein. Vorsichtig auf ein Gitter setzen und trocknen lassen.

☆ Zuletzt die weiße Schokolade schmelzen und mit wenigen Tropfen Wasser glatt rühren. In das Plastik- oder das Pergamenttütchen füllen. Eine winzige Ecke abschneiden und die Dominosteine mit dem typischen Muster versehen.

☞ *Haltbarkeit:* Maximal 4 Wochen.

** Weiße Lebkuchenherzen

Für etwa 45 Stück:

50 g Orangeat, 50 g kandierter Ingwer, 2 Eier, 100 g Puderzucker, 1 TL Zimt, 300 g Mehl, 1 gestrichener EL Backpulver

Zum Glasieren:

200 g weiße Kuvertüre, 50 g dunkle Kuvertüre

Außerdem:

Mehl zum Ausrollen, Plastik- oder Pergamenttütchen

✰ Orangeat und Ingwer sehr fein hacken. Die Eier mit dem Zucker sehr schaumig rühren (Handrührer oder Küchenmaschine), Zimt, Orangeat und Ingwer zugeben.
✰ Das Mehl mit dem Backpulver vermischen und mit der Eiermasse zu einem glatten Teig verkneten. Zugedeckt einige Stunden, am besten **über Nacht**, an einem kühlen Platz ruhen lassen.
✰ Den Teig auf dem bemehlten Arbeitsbrett etwa 5 mm dick ausrollen. Den Backofen auf 180 ° vorheizen. Backbleche mit Backpapier auslegen. Herzen ausstechen und in etwa 10 bis 15 Minuten backen (Umluft 160 °).
✰ Die weiße Kuvertüre bei schwacher Hitze schmelzen und damit die abgekühlten Herzen überziehen. Die dunkle Kuvertüre schmelzen, in ein Plastik- oder ein Pergamenttütchen füllen, eine winzige Ecke abschneiden und dunkle Linien auf die weißen Herzen malen.

☞ *Haltbarkeit:* In der Dose etwa 3 Wochen.

** Pflastersteine

(siehe Foto Seite 77)

Für etwa 60 Stück:

1 unbehandelte Zitrone, 350 g Honig, 100 g Zucker, 50 g Butter, 100 g gemahlene Mandeln, 1 TL Zimt, 1/2 TL gemahlener Piment (Nelkenpfeffer), 1 Msp Nelken, 1 Msp gemahlener Ingwer, 1 TL Hirschhornsalz, 2 EL Rum, 400 g Mehl

Außerdem:

Backpapier, Mehl für die Arbeitsfläche

Für die Glasur:

200 g Puderzucker

☆ Die Zitrone heiß waschen, trockenrubbeln und die Schale abreiben. Den Saft auspressen und für die Glasur aufheben. Backbleche mit Backpapier auslegen.

☆ Honig und Zucker langsam erwärmen, dabei stetig rühren, bis sich der Zucker gelöst hat. Topf vom Herd nehmen, Butter, Mandeln, Zitronenschale und Gewürze zugeben. Das Hirschhornsalz im Rum auflösen und ebenfalls zu der Masse geben.

☆ Nach und nach das Mehl einarbeiten, bis ein zäher Teig entsteht. Den Teig auf dem mit Mehl ausgestreuten Backbrett verkneten, zu einer oder mehreren langen, dünnen Rollen (2 bis 3 cm) formen, mit einem Tuch zudecken und etwa 1 Stunde kühl ruhen lassen.

☆ Backofen auf 190 ° vorheizen. Der Teig muß fest genug sein, daß er sich nicht verformt, wenn er in Scheiben geschnitten wird. Schließlich sollen die Pflastersteine schön rund werden. Den Teig in etwa 1 cm dicke Scheiben schneiden und etwa 15 Minuten backen (Umluft 170 °).

☆ Puderzucker und Zitronensaft verrühren und die heißen Pflastersteine damit bepinseln.

☞ *Tip:* Aus diesem Teig können Sie auch **Lebkuchenherzen, -sterne oder -bäume** ausstechen und diese beliebig verzieren.

Aufbewahrung und Haltbarkeit: Ganz auskühlen lassen und in Dosen füllen. Dort halten sie mindestens 4 Wochen.

* Honigkuchen

Für 1 Kuchen:

50 g Zitronat, 50 g Orangeat, 250 g Honig 150 g Zucker,
100 g gehackte Mandeln, 1 TL Zimt, $^1/_2$ TL Nelken,
500 g Mehl, 1 Päckchen Backpulver, 1 Ei, 2 EL Rum, etwa 100 ml Milch

Außerdem:

Fett und Mehl für die Form

✰ Eine beliebige Kuchenform richtig dick einfetten und mit Mehl ausstreuen (Mehl hineinstreuen, durch Bewegen der Form verteilen und das überschüssige Mehl auskippen).
✰ Zitronat und Orangeat fein hacken. Honig und Zucker leicht erwärmen – keinesfalls kochen – und rühren, bis sich der Zucker vollständig gelöst hat. Zitronat, Orangeat, Mandeln und Gewürze in die Zuckerlösung einrühren.
✰ Das Mehl mit dem Backpulver mischen und nach und nach in die Masse einarbeiten. Rum und Ei zufügen. Gerade so viel Milch zugeben, daß der Teig weich, aber keinesfalls flüssig ist.
✰ Den Backofen auf 180 ° vorheizen. Den Teig in die Form füllen und etwa 50 bis 60 Minuten backen (Umluft 160 °).

☞ *Haltbarkeit:* In der Dose 1 bis 2 Wochen.

** Basler Leckerli

Für etwa 45 Stück (1 Blech in Normalgröße):

25 g Zitronat, 25 g Orangeat, 150 g Honig, 150 g Zucker,
150 g gehackte Mandeln, 1 TL Zimt,
½ TL Nelken, 5 cl Kirschwasser, ½ TL Pottasche, 300 g Mehl

Außerdem:

Backpapier, Mehl für die Arbeitsfläche

Für die Glasur:

200 g Puderzucker, 2 EL Kirschwasser, 2-3 EL Zitronensaft

✰ Zitronat und Orangeat sehr fein hacken. Den Honig mit dem Zucker langsam erwärmen – nicht kochen – dabei rühren, bis sich der Zucker ganz gelöst hat. Topf vom Herd nehmen. Zitronat und Orangeat, gehackte Mandeln und die Gewürze in den Honig einrühren. Die Pottasche im Kirschwasser auflösen und ebenfalls zugeben.

✰ Das Mehl in die noch warme Masse einarbeiten, auf der mit Mehl ausgestreuten Arbeitsfläche gut durchkneten. Backofen auf 175 ° vorheizen. Den Teig auf dem Backpapier in Backblechgröße ausrollen und mitsamt dem Papier aufs Blech legen.

✰ Etwa 20 Minuten, je nach Dicke des Teigs, backen (Umluft 160 °), bis der Teig schön goldbraun ist.

✰ Puderzucker mit Kirschwasser und Zitronensaft verrühren und auf das noch heiße Gebäck auftragen; auf diese Weise bilden sich »Röschen«. Sofort in kleine Rechtecke schneiden und auskühlen lassen.

☞ *Haltbarkeit:* Wenn die Leckerli vollständig ausgekühlt sind, kommen sie in die Dose. Dort halten sie bis zu 2 Monate.

** Schweizer Lebkuchenbrot

(vollwertig)

<u>Für etwa 35 Stück:</u>

250 ml Birnendicksaft, 150 g Honig, 100 g Butter, 250 ml Milch, 100 ml süße Sahne, 1 gehäufter TL Zimt, ½ TL Nelken, ½ TL gemahlener Piment, 1 Msp Kardamom, 1 EL Pottasche, 1 Schnapsglas Kirschwasser, 750 g fein gemahlener Dinkel

<u>Außerdem:</u>

Mehl zum Formen, Backpapier, Birnendicksaft zum Glasieren (etwa 50 ml)

✰ Birnendicksaft mit Honig verrühren und schwach erwärmen, aber keinesfalls kochen. Butter, Milch, Sahne sowie Gewürze zugeben und verrühren.
✰ Die Pottasche im Kirschwasser auflösen und in die Masse rühren. Das Mehl einarbeiten. Der Teig soll zwar weich sein, sich aber zu kleinen Laiben formen lassen. Wenn nötig, noch mehr Mehl zufügen.
✰ Den Backofen auf 190 ° vorheizen. Laibe von etwa 12 bis 15 cm ∅ formen und auf das mit Backpapier ausgelegte Blech legen. 25–30 Minuten backen (Umluft 170 °). Die Laibe sind fertig, wenn sie beim Klopfen auf die Unterseite hohl klingen.
✰ Die fertigen Lebkuchenbrote noch warm mit Birnendicksaft bestreichen.

☞ *Haltbarkeit:* Gut verpackt 1 bis 2 Monate.

** Marzipan-Lebkuchen

Für etwa 35 Stück:

Für den Teig:

1 unbehandelte Zitrone, 50 g Orangeat, 125 g Marzipanrohmasse, 125 g geriebene Mandeln, 375 g Farinzucker, 6 Eiweiß, 150 g Mehl, 1 TL Backpulver, 1 TL Zimt, 1/2 TL Nelken, 1/2 TL gemahlener Koriander, 1 Msp Kardamom

Für den Guß:

150 g Puderzucker, 1 EL Zitronensaft, 1 EL Rum

Außerdem:

große runde Backoblaten

☆ Die Zitrone heiß waschen, abtrocknen und die Schale abreiben. Den Saft auspressen und für die Glasur aufheben. Das Orangeat sehr fein hacken. Marzipan und Mandeln in einer tiefen Pfanne zusammen mit 3 Eiweiß bei schwacher Hitze unter stetigem Rühren rösten, bis die Masse zusammenklumpt.

☆ Die übrigen 3 Eiweiß mit dem Orangeat und der Zitronenschale verrühren. Mehl, Farinzucker, Backpulver und Gewürze mischen und mit der Eiweiß-Orangeat-Mischung vermengen. Die beiden Eiweißmassen zusammenbringen und gut verkneten. Die Masse auf die Oblaten streichen und **über Nacht** bei Zimmertemperatur trocknen lassen.

☆ Bei 170 ° (Umluft 150 °) etwa 30 Minuten backen.

☆ Für die Glasur Puderzucker, Zitronensaft und Rum verrühren und auf die fertigen Lebkuchen streichen.

☞ *Haltbarkeit:* In der Dose bis zu 4 Wochen.

Gebäck aus Eiweißteig

☆ Unentbehrlich für die Weihnachtsbäckerei sind Eiweißteige: Makronen, Meringen und vor allem die berühmten Zimtsterne sind daraus hergestellt.

☆ Allen gemeinsam ist: Kein Stäubchen Mehl und kein Eigelb-Molekül kommen ihnen zu nahe, und sie sind – mit Ausnahme der Meringen, die nur aus Eiweiß und Zucker bestehen – durch ihre Hauptzutat, nämlich Nüsse und Mandeln, extrem nahrhaft. Dazu kommen Zucker oder Honig und Gewürze, wobei das Eiweiß das Ganze zusammenhält.

☆ Zu einer richtigen Weihnachts-Backaktion gehören immer beide: die Plätzchen aus Mürbteig, für die Sie viel Eigelb benötigen und die Makronen- oder Baiser-Leckereien, bei der Sie das überzählige Eiweiß aufbrauchen (oder umgekehrt).

** Baiserkringel

Aus nichts als süßem Eischnee bestehen die luftigen Kringelchen. Und zur Dekoration gibt es ein paar bunte Zuckerkügelchen obendrauf. Solche Kringel machen sich nicht nur auf dem Plätzchenteller, sondern vor allem auch am Christbaum sehr hübsch.

Für etwa 20 Kringel:
(Sie können die Zutatenmenge problemlos verdoppeln)

2 sehr frische Eiweiß, 1 Prise Salz oder einige Tropfen Zitronensaft,
100 g Puderzucker

Außerdem: *1 EL bunte Zuckerperlen, evtl. einige Tropfen Speisefarbe*

✰ Es dauert seine Zeit, bis der Eischnee die richtige Konsistenz hat. Deshalb sollten Sie den Schnee von der Küchenmaschine schlagen lassen. Mit dem Handrührer riskieren Sie, daß Ihnen der Arm beim Rühren einschläft. Schüssel und Schneebesen müssen vollkommen fettfrei sei.
✰ Eiweiß in die Rührschüssel füllen. Bei niedrigster Geschwindigkeit rühren. Nach 1 bis 2 Minuten, wenn das Eiweiß schon hübsch schäumt, wenig Salz oder Zitronensaft zugeben. Nach und nach den Zucker zufügen und die Masse weiterschlagen. Zwischendurch haben Sie Zeit, das Backblech mit feucht abgewischtem Pergament oder Backpapier zu belegen.
✰ Nach Wunsch Speisefarbe zugeben. Die Masse ist gut, wenn sie schwach glänzt und beim Herausziehen des Schneebesens Spitzen bildet. Backofen auf 120 ° vorheizen. Den Schnee in einen Spritzbeutel füllen und Kringel aufs Blech spritzen. Nach Belieben mit bunten Zuckerkügelchen bestreuen.
✰ Auf 100 ° (Umluft 80 ° bis 90 °) zurückschalten und die Baiserkringel in den Ofen schieben. Bei herkömmlichen Backöfen die Tür mit Hilfe eines Kochlöffelstiels einen Spalt geöffnet halten, damit die Feuchtigkeit entweichen kann (sonst werden die Baisers klebrig). In Umluftherden ist die Luft trocken genug, da kann die Tür zu bleiben.
✰ Wenn sie nicht gefärbt sind, müssen die Baisers ihre weiße Farbe behalten, aber durch und durch trocken sein. Das dauert gut und gern 1 bis 2 Stunden.

☞ *Haltbarkeit:* Die Baisers möglichst innerhalb weniger Tage aufessen, weil sie durch längeres Lagern zäh werden.

** Dattelschäumchen

Klein wie Praliné-Trüffel sollten sie sein, die Dattelschäumchen. Sie sind – das läßt sich bei Baisers nicht ändern, denn Zucker ist nun mal ihr tragendes Element – sehr süß und deshalb als Winzlinge angenehmer zu konsumieren.

Für etwa 50 Stück:

100 g getrocknete Datteln, 3 Eiweiß,
1 Prise Salz oder wenige Tropfen Zitronensaft,
150 g Puderzucker

☆ Die entkernten Datteln in ganz feine Streifen schneiden. Das Eiweiß in der Küchenmaschine zu Schnee schlagen, Salz oder Zitronensaft zugeben, nach und nach den Zucker einrieseln lassen. Den Backofen auf 120 ° vorheizen.

☆ Wenn der Schnee matt glänzt und beim Herausziehen des Schneebesens Spitzen bildet, die Datteln locker unterheben. Backpapier oder Pergament feucht abwischen und aufs Blech legen. Mit Hilfe von zwei Teelöffeln kirschgroße Häufchen aufs Blech setzen.

☆ Etwa 1 $^1/_2$ Stunden im lauwarmen Backofen lassen (Umluft 100 bis 110 °). Konventionelle Herde brauchen einen Abzug: Klemmen Sie einen hölzernen Löffelstiel in die Tür, damit der Dampf entweichen kann. Bei Umluft nicht nötig. Die Dattelschäumchen sollen durch und durch trocken sein, dabei aber weiß bleiben.

☞ *Aufbewahrung und Haltbarkeit:* Feuchtigkeit ist der natürliche Feind aller Baisers. Also: trocken lagern – in Dosen oder Cellophan-Tüten und möglichst bald vernaschen.

** Mandel-Baisers

Gehobelte, geröstete Mandeln geben diesen luftigen Baisers ihr feines Aroma.

Für etwa 30 Stück:

100 g gehobelte Mandeln, 3 Eiweiß,
1 Prise Salz oder wenige Tropfen Zitronensaft,
150 g Puderzucker

☆ Die Mandeln in einer Pfanne ohne Fettzugabe leicht rösten. Sie sollen nicht braun werden, sondern nur einen ganz leichten Goldton annehmen und schön duften.
☆ Das Eiweiß in der Küchenmaschine schlagen. Salz oder Zitronensaft zugeben, nach und nach den Puderzucker einrieseln lassen. Wenn die Masse schwach glänzend ist und beim Herausziehen des Schneebesens Spitzen bildet, ist sie bereit. Den Backofen auf 120 ° vorheizen.
☆ Leicht angefeuchtetes Pergament oder Backpapier aufs Blech legen. Etwa kirschgroße Häufchen Baisermasse darauf setzen und mit Mandelblättchen bestreuen.
☆ Etwa 1 $^1/_2$ Stunden (Umluft 100 ° bis 110 °) backen. Die Backofentür bei konventionellen Elektroherden muß einen Spalt geöffnet sein, damit die Feuchtigkeit entfleuchen kann.

☞ *Aufbewahrung und Haltbarkeit:* Auch in Dosen oder Cellophan-Tütchen nur kurze Zeit – höchstens 1 Woche.

** Cappuccino-Häufchen

Der herbe Kaffeegeschmack kontrastiert bei dieser Leckerei aufs angenehmste mit der intensiven Süße der Baisermasse. Auch hier ist die Devise: Je kleiner desto feiner.

Für etwa 40 Stück:

2 Eiweiß, 1 Prise Salz oder einige Tropfen Zitronensaft,
100 g Puderzucker,
1 gehäufter TL Instant-Kaffeepulver

✰ Das Eiweiß in der Küchenmaschine auf niedrigster Geschwindigkeitsstufe schlagen, Salz oder Zitronensaft zugeben, nach und nach den Zucker einarbeiten. Das Kaffeepulver, wenn nötig, zerdrücken, damit es wirklich staubfein in den Eischnee kommt.

✰ Backblech(e) mit leicht angefeuchtetem Pergament oder Backpapier auslegen. Backofen auf 120 ° vorheizen. Mit zwei Eierlöffeln winzige Häufchen aufs Papier setzen oder mit der Spritztülle auftupfen.

✰ Etwa 1 ½ Stunden lang im Backofen trocknen lassen. Damit die Feuchtigkeit entweichen kann, den Backofen mit Hilfe eines Kochlöffelstiels einen Spalt geöffnet halten (nicht nötig bei Umluft).

☞ *Aufbewahrung und Haltbarkeit:* Zart und knusprig sind sie nur wenige Tage lang. Je höher die Luftfeuchtigkeit, desto schneller werden sie zäh und klebrig.

Spekulatius (S. 55), Printen (S. 68), Magenbrot (S. 72), Weiße Pfeffernüsse (S. 73)

** Mandelmakronen

Wenn Nüsse oder Mandeln in die Baiser-Masse kommen, handelt es sich beim Endergebnis in der Regel um Makronen. In dem Fall darf das Eiweiß nicht sehr steif geschlagen werden, sonst werden die Makronen steinhart – was leider alle Jahre wieder auf zahllosen Weihnachtstellern festzustellen ist. Schade, denn in der richtigen Konsistenz – außen gerade ein ganz klein bißchen knusprig, um den Zähnen ein wenig Widerstand zu bieten, innen schmelzend zart und weich – gehören sie zu den hinreißendsten Plätzchen überhaupt.

Für 25 bis 30 Doppeldecker-Plätzchen:

3 Eiweiß, 250 g gemahlene Mandeln, 300 g Zucker,
wenige Tropfen Bittermandelöl,
1 Prise Salz, 1 Msp gemahlener Ingwer

Außerdem:

100 g Aprikosenmarmelade

☆ Das Blech bzw. die Bleche mit Backpapier auslegen, den Backofen auf 150° vorheizen. Das Eiweiß mit einer Prise Salz nur leicht schlagen, es soll nicht besonders steif sein. Sie brauchen auch nicht die Küchenmaschine zu bemühen, mit dem Handrührer oder mit dem Schneebesen locker aus dem Handgelenk geschlagen reicht völlig.

☆ Nach und nach Zucker, Mandeln und Gewürze einarbeiten. Wenn alles gut vermischt ist, haben Sie eine klebrig-zähe, dabei immer noch bröselige Masse. Davon nehmen Sie kleinste Mengen auf die angefeuchteten Hände und rollen sie zu Kügelchen. Wenn die Kügelchen gerade eben haselnußgroß sind, werden das niedliche Makrönchen. Ein kleiner Rest bleibt jedesmal an den Handflächen kleben, und zwischendurch müssen Sie die Hände spülen. Die Makronen auf ein mit feuchtem Pergament oder Backpapier belegtes Blech setzen.

☆ Die Kügelchen werden etwa 10 Minuten gebacken (Umluft 130 °), nach etwa 5 Minuten darf die Hitze etwas höher gehen, dann werden die Makronen außen leicht knusprig und bleiben innen weich, gerade wie sie sein sollen. Unbedingt in der Nähe bleiben und immer wieder nachsehen. Es richtet keinen Schaden an, wenn Sie auch mal kurz öffnen, um nachzuschauen. Die Makronen sollen nicht bräunen, sondern an der Oberfläche gerade eben trocken sein. Die Backzeit variiert je nach Größe und Temperatur, also unbedingt dabei bleiben.

✰ Die fertigen Makronen einige Minuten abkühlen lassen und dann jeweils zwei von ihnen mit Aprikosenmarmelade oder einer anderen Marmelade Ihrer Wahl zusammenkleben. Wenn sie ganz ausgekühlt sind, in Dosen füllen.

☞ *Haltbarkeit:* Lassen Sie die Makronen nicht alt werden. Bis zu 2 Wochen bleiben sie in der Dose gut, danach werden sie nur hart.

* Kokosmakronen

(siehe Fotos Seite 33, 41 und 105)

<u>Für etwa 50 Stück:</u>

4 Eiweiß, 200 g Puderzucker, 1 Prise Salz, 1 TL Zitronensaft,
250 g Kokosraspel, Schale von 1 unbehandelten Zitrone

✰ Eiweiß mit Puderzucker, Salz und Zitronensaft zu halbfestem Schnee schlagen. Mit Kokosraspeln und Zitronenschale locker vermengen.
✰ Den Backofen auf 150 ° vorheizen. Mit Hilfe von Teelöffeln oder der Spritztülle winzige Häufchen auf mit Backpapier ausgelegte Bleche setzen und in etwa 15 Minuten hellgelb backen.

☞ *Haltbarkeit:* Die abgekühlten Makronen – die auf Wunsch noch in Schokolade getaucht oder mit gehackten Pistazien bestreut werden können – in Dosen aufbewahren. Sie gewinnen durch längere Lagerung nicht, also möglichst innerhalb von 2 bis 3 Wochen vernaschen.

** Weihnachts-Meringen

Nach Zimt und Nelken duftend, zu Sternen und Herzen geformt, entfaltet die Baiser-Masse einen ganz besonderen Reiz.

<u>Für etwa 40 Stück:</u>

3 Eiweiß, 1 Prise Salz oder wenige Tropfen Zitronensaft,
150 g Puderzucker, 1/2 TL Zimt, 1/4 TL gemahlene Nelken,
1 Msp gemahlener Kardamom

✰ In der Küchenmaschine das Eiweiß auf kleiner Stufe schlagen, Salz oder Zitronensaft zufügen. Den Puderzucker mit den Gewürzen vermischen und nach und nach unter den Eischnee schlagen, bis die Masse schwach glänzt und Spitzen zieht, wenn der Schneebesen herausgenommen wird.

✰ Den Backofen auf 120 ° vorheizen. Pergament oder Backpapier mit einem Schwamm leicht anfeuchten. Die Masse in einen Spritzbeutel füllen und möglichst kleine Herzen oder Sterne auf das Blech spritzen.

✰ Etwa 1 1/2 Stunden im warmen Backofen (Umluft 100 bis 110 °) trocknen lassen, dabei die Backofentür einen Spalt geöffnet halten (nicht nötig bei Umluft).

☞ *Haltbarkeit:* So bald wie möglich vernaschen!

** Griechisches Gebäck

Für etwa 30 Stück:

100 g Datteln, Schnee von 2 Eiweiß, 125 g Zucker,
125 g geriebene Mandeln

✰ Entkernte Datteln in sehr feine Streifen schneiden. Eiweiß mit Zucker schaumig, aber nicht steif rühren, Mandeln und Datteln zugeben. Backofen auf 150 ° vorheizen.
✰ Kleine Häufchen auf das mit angefeuchtetem Backpapier belegte Blech setzen. Etwa 15 Minuten backen (Umluft 130 °). Erst nach dem Auskühlen in Dosen füllen.

☞ *Haltbarkeit:* 2–3 Wochen.

** Schokoladenmakronen

Für etwa 30 Stück:

3 Eiweiß, 125 g Puderzucker, 80 g gemahlene Mandeln,
2 EL Semmelbrösel,
70 g Schokolade aus dem Kühlschrank

✰ Das Eiweiß mit dem Puderzucker schaumig, aber nicht steif schlagen. Schokolade fein reiben. Mandeln, Semmelbrösel und Schokolade zur Eiweißmasse geben und locker vermischen.
✰ Backofen auf 150 ° vorheizen. Mit angefeuchteten Händen Kügelchen formen und auf ein mit angefeuchtetem Pergament ausgelegtes Backblech legen (oder Häufchen auf Oblaten setzen).
✰ Etwa 15 Minuten (Umluft 130 °) backen. Die Backzeit variiert je nach Größe der Plätzchen, also in der Nähe bleiben. Es schadet nicht, wenn Sie zwischendurch die Backofentür öffnen, um nachzugucken.
✰ Erst wenn die Makronen völlig ausgekühlt sind, dürfen sie in die Dose.

☞ *Haltbarkeit:* Zwei bis drei Wochen – am besten sind sie aber in der ersten Woche.

** Elisenlebkuchen

✰ Für die Herstellung der feinsten unter den Lebkuchen gibt es zahlreiche Anleitungen. Hier ein besonders leckeres Rezept – ohne Mehl, nur aus Eiweiß, Mandeln, Zucker, Gewürzen und kandierten Früchten bestehend – und damit eigentlich nichts anderes als eine Art besonders gehaltvoller Makronen. Im Lebkuchen-Kapitel finden Sie ein weiteres Rezept für Elisenlebkuchen.
✰ Sie können die Elisen-Masse im Lebkuchen-üblichen Großformat auf Oblaten von 7 cm ∅ streichen oder auch auf ganz kleinen Oblaten Mini-Lebküchlein herstellen, die mit einem Haps gegessen sind.
☞ Tip: Der Lebkuchenteig soll vor dem Backen etwas ruhen. Wenn Sie also am selben Tag etwa aus den Eigelben Mürbteiggebäck herstellen wollen, machen Sie es doch so: Erst den Eiweißteig für die Lebkuchen anrühren und stehen lassen. In der Zwischenzeit das Mürbteiggebäck fertigstellen und zum Schluß die Lebkuchen backen.

Für etwa 25 Stück von 7 cm ∅
(oder ca. 80 Stück im Plätzchenformat):

200 g gemahlene Mandeln, 100 g gemahlene Haselnüsse,
50 g Zitronat, 50 g Orangeat, 50 g kandierter Ingwer,
4 Eiweiß, 300 g Puderzucker, 1 TL Zimt, $^1/_2$ TL Nelken, 1 Msp Kardamom,
1 Msp gemahlener Piment

Außerdem:

Oblaten von 7 cm ∅ (oder kleine Oblaten)

Für den Schokoladenüberzug:

200 g dunkle Kuvertüre

Für die Punschglasur:

150 g Puderzucker, 2 EL Rotwein, 1 EL Rum

Zum Verzieren:

Mandelhälften, kandierte Früchte

☆ Mandeln und Nüsse in der Pfanne ohne Zugabe von Fett sanft rösten, bis sie merklich duften. Zitronat, Orangeat und Ingwer sehr fein hacken.
☆ Das Eiweiß schlagen, dabei nach und nach den Zucker und die Gewürze einrieseln lassen. Der Schnee muß nicht übermäßig fest sein. Nüsse und Mandeln sowie die kandierten Fruchtschalen unter den Schaum heben. Diese zähe Masse einige Zeit stehen lassen.
☆ Den Backofen auf 160 ° vorheizen. Mandelmasse etwa 1 cm dick auf die Oblaten streichen und etwa 40 Minuten backen (Umluft 140 °).
☆ Für die Punschglasur den Puderzucker mit Rum und Rotwein verrühren und auf die Lebkuchen streichen.
☆ Für die Schokoladenglasur die Kuvertüre schmelzen und auf die Lebkuchen pinseln. Soll die Schokolade schön glänzen, die Kuvertüre nach dem ersten Schmelzen noch einmal abkühlen und erstarren lassen und ein zweites Mal schmelzen, bevor sie auf die Lebkuchen aufgetragen werden.
☆ *Dekorieren:* In die noch feuchten Glasuren Mandelhälften oder Stückchen von kandierten Früchten drücken.

☞ *Aufbewahrung und Haltbarkeit:* Wenn die Lebkuchen mehrere Wochen in der Dose bleiben sollen, unbedingt ein kleines Apfelstück dazulegen, damit sie nicht austrocknen. Dann halten sie 1 bis 2 Monate.

*** Pomeranzentörtchen

Eine üppige Süßigkeit aus Makronenteig, der mit Schoko-Buttercreme und Schokoladenüberzug zu Mini-Törtchen aufgepeppt wird.

Für ca. 30 Stück:

Für die Buttercreme:

1 ganzes Ei, 2 Eigelb, 60 g Zucker, 1 EL Grand Marnier, 30 g ungesüßtes Kakaopulver, 120 g Butter

Für den Makronenteig: *2 Eiweiß, 125 g Puderzucker, 200 g geriebene Mandeln*

Außerdem: *200 g weiße Schokolade; nach Belieben: gehackte Pistazien, kandierte Orangen*

☆ Das Ei zusammen mit den Eigelben und dem Zucker im Wasserbad schaumig schlagen. Unter ständigem Rühren den Kakao zufügen. Zuletzt Grand Marnier und Butter unterrühren. Die Creme im Kühlschrank steif werden lassen.

☆ Inzwischen von den Mandeln 125 g abmessen, die restlichen Mandeln brauchen Sie zum Ausrollen. Eiweiß und Puderzucker leicht schaumig schlagen und die Mandeln einrühren. Die Masse soll so fest sein, daß sie sich ausrollen läßt, notfalls noch etwas Mandeln zugeben.

☆ Backblech mit angefeuchtetem Pergament auslegen. Backofen auf 150° vorheizen. Die Arbeitsfläche mit Mandeln ausstreuen und die Masse, so gut es geht, etwa 1 cm dick ausrollen. Kreise von etwa 3 bis 4 cm ∅ ausstechen und aufs Blech setzen. Etwa 15 Minuten backen (Umluft 130°).

☆ Wenn die Plätzchen abgekühlt sind, die kalte und hoffentlich feste Creme kuppelartig auf die Plätzchen streichen. Schokolade bei ganz schwacher Hitze schmelzen, etwas abkühlen lassen und damit die Törtchen überziehen. In die noch feuchte Schokolade gehackte Pistazien oder Stückchen von kandierter Orange drücken.

☞ *Haltbarkeit:* In der Dose 2 bis 3 Wochen.

Kokosmakronen (S. 99)

*** Zimtsterne

(siehe Foto Seite 33)

Zugegeben, ihre Herstellung bereitet etwas Mühe und verlangt ein wenig Übung. Doch sind sie der Inbegriff von Weihnachtsgebäck und für einen feinen Plätzchenteller fast unverzichtbar.

Für etwa 40 Stück:

4 Eiweiß, 1 Prise Salz, 200 g Puderzucker, 200 g gemahlene Mandeln, 100 g gemahlene Haselnüsse, 1 EL Zimt

Außerdem:

gemahlene Mandeln zum Ausrollen

☆ Eiweiß mit Salz zu Schnee schlagen, dabei nach und nach den Zucker einrieseln lassen. Von dieser Baisermasse eine Tasse voll entnehmen und zur Seite stellen.

☆ Mandeln, Nüsse und Zimt mit der Baisermasse verrühren. Dabei entsteht eine zähe, klebrige Masse. Das Backbrett mit Mandeln ausstreuen und darauf den Teig geben. So viel gemahlene Mandeln darüber streuen, daß sich die Teigmasse ausrollen läßt und nicht am Nudelholz kleben bleibt.

☆ Mit viel Gefühl etwa 5 bis 6 mm dick ausrollen. Die übrige Baisermasse gleichmäßig darauf verstreichen.

☆ Backblech mit angefeuchtetem Pergament oder Backpapier belegen. Backofen auf 130 ° vorheizen. Mit angefeuchteten Sternförmchen so dicht wie möglich Sterne ausstechen und aufs Blech setzen. Die Sterne müssen etwa 30 bis 40 Minuten lang backen (Umluft 120 °), der Baiser-Aufstrich soll dabei schneeweiß bleiben.

☆ Aus den Resten können Sie Zimtmakronen machen: einfach zusammenkneten, kleine Häufchen aufs Blech setzen und backen.

☞ *Haltbarkeit:* 3 Wochen in der Dose (Plätzchen erst in die Dose füllen, wenn sie vollständig ausgekühlt sind).

* Bethmännchen

(siehe Foto Seite 145)

Ein Frankfurter Bankier mit Namen Bethmann stand angeblich Pate für diese Nascherei.

Für etwa 40 Stück:

250 g Marzipanrohmasse, 3 EL Rosenwasser, 50 g Puderzucker,
1 Eiweiß, 30 g Mehl, 150 g geschälte Mandeln, 3 EL Zucker

☆ Marzipan, Rosenwasser, Puderzucker, Eiweiß und Mehl gründlich miteinander verkneten und zu etwa kirschgroßen Kugeln formen.

☆ Den Backofen auf 160 ° vorheizen. Die Mandeln halbieren und je drei Mandelhälften mit der Spitze nach oben an die Kugel drücken, so daß eine Hütchenform entsteht.

☆ Die Bethmännchen auf mit Backpapier ausgelegte Bleche setzen und so lange im Backofen lassen, bis die Spitzen zart gebräunt sind.

☆ Den Zucker mit 1 bis 2 Eßlöffeln Wasser kurz aufkochen und die Bethmännchen mit dem heißen Sirup bepinseln.

☞ *Haltbarkeit:* Etwa 3 Wochen. Am besten schmecken die Bethmännchen aber in der ersten Woche.

Stollen und Früchtebrot

☆ Das Meister- oder doch wenigstens Gesellenstück jedes ambitionierten Weihnachtsbäckers ist der große Christstollen. Es gibt viele Rezepte, die sich nach Zutaten und Herstellungsweise unterscheiden.

☆ Stollen gehören zu den besonders langlebigen Weinachtsgebäcken. In manchen Familien ist es Tradition, den letzten Stollen an Ostern zu verspeisen.

☆ Die Form des Stollens soll übrigens an das in Windeln gewickelte Christkind erinnern.

Marzipanstollen (S. 114)

** Quarkstollen tutti frutti

Für 1 Stollen:

40 g Zitronat, 40 g Orangeat, 50 g kandierte Kirschen,
125 Korinthen, 125 Rosinen, 3 EL Rum,
125 g weiche Butter, 50 g Butterschmalz, 200 g Zucker,
2 Eier, Salz, 250 Magerquark,
500 g Mehl, 1 Päckchen Backpulver, 125 gehackte Mandeln,
2 EL Rum, 4 Tropfen Bittermandelaroma,
4 Tropfen Zitronen-Backaroma, 1 Msp Kardamom

Außerdem:

Mehl für die Arbeitsfläche, Backpapier, 30 g Butter zum Bestreichen,
30 g Puderzucker zum Bestäuben

✰ Zitronat, Orangeat und Kirschen sehr fein hacken. Korinthen und Rosinen waschen, abtropfen lassen, anschließend in Rum einweichen.

✰ In einer Rührschüssel (oder in der Küchenmaschine) Butter, Butterschmalz, Zucker und Eier mit einer Prise Salz schaumig rühren. Den Quark abtropfen lassen und dazugeben. Das Mehl mit dem Backpulver mischen und alles zu einem glatten Teig verkneten. Früchte, Mandeln und Gewürze in den Teig einarbeiten.

✰ Den Backofen auf 250 ° vorheizen. Das Backblech mit Backpapier auslegen. Das Backbrett gut mit Mehl einstäuben und den Teig zu einem flachen, länglichen Laib ausrollen. Einmal der Länge nach überklappen. Den Stollen aufs Blech legen. Den Backofen auf 175 ° herunterschalten (Umluft 160 °) und etwa 75 Minuten lang backen.

✰ Den heißen Stollen zum Abkühlen auf ein Gitter legen. Die Butter schmelzen und den warmen Stollen damit bepinseln. Mit dem Puderzucker bestäuben.

☞ *Haltbarkeit:* Der Stollen soll in einer Dose erst einmal 2 Wochen ruhen und durchziehen, bevor er angeschnitten wird. Er hält 2 Monate.

** Quark-Christstollen

Für 1 Stollen:

70 g Zitronat, 70 g Orangeat, 250 g Magerquark, 500 g Mehl,
1 Päckchen Backpulver, 200 g Zucker,
1 Prise Salz, 4 Tropfen Bittermandelöl, 2 EL Rum, 1 Msp Kardamom,
1 Msp Piment, ½ TL Macis, 2 Eier, 175 g Butter,
125 g Korinthen, 125 g Sultaninen, 125 g gehackte Mandeln

Zum Bestreichen:

25 g Butter

Außerdem:

Backpapier

☆ Zitronat und Orangeat fein hacken. Den Quark in einem Küchentuch gut ausdrücken.
☆ Mehl und Backpulver mischen. Alle Zutaten zu einem glatten Teig verkneten.
☆ Den Backofen auf 250 ° vorheizen (Umluft auf 230 °). Das Blech mit Backpapier auslegen. Den Stollen in den heißen Backofen schieben und die Temperatur sofort auf 190 ° (Umluft 170 °) reduzieren. Den Quarkstollen etwa 1 Stunde backen.
☆ Den heißen Stollen zum Auskühlen auf ein Gitter legen und sofort mit der Butter bepinseln.

☞ *Haltbarkeit:* Der Quark-Christstollen will jung gegessen sein: 2 Tage durchziehen lassen, dann so schnell wie möglich verspeisen.

*** Rum-Rosinen-Stollen aus Vollkornmehl

Für einen großen oder 2 kleine Stollen:

200 g Korinthen, 200 g Sultaninen, 60 ml Rum,
1 kg fein gemahlener Dinkel, 1 knapper TL Salz, 250 ml Milch, 2 1/2 Würfel Frischhefe,
1 TL Rohrzucker, 100 g weiche Butter, 100 g weiches Butterschmalz,
1 Ei, 200 g heller Honig, 300 g gehackte Mandeln, 1 unbehandelte Zitrone

Zum Bestreichen: *50 g Butter*

☆ Die Rosinen waschen, abtropfen und im Rum einweichen. Über Nacht stehen lassen.

☆ In einem kleinen Topf die Milch handwarm erwärmen, die Hefe hineinbröckeln und verrühren. Den Zucker und 2 bis 3 Löffel des Mehls zugeben und zu einem Brei rühren. Etwas Mehl darüber stäuben und 20 Minuten gehen lassen.

☆ Das übrige Mehl in eine große Schüssel geben, in die Mitte eine Vertiefung drücken. Den Hefebrei hineingießen. Die Zitrone waschen, abtrocknen und die Schale abreiben. Den Saft auspressen. Butter, Butterschmalz, Ei, Honig, Zitronenschale und -saft sowie das Salz gut miteinander verrühren und zum Mehl geben.

☆ Von der Mitte her alles kräftig durcharbeiten. Die eingeweichten Rosinen und die Mandeln ebenfalls in den Teig einarbeiten. (Seien sie froh, wenn Sie eine tüchtige große Küchenmaschine haben, die das alles für Sie macht.) Der Teig muß so lange geknetet werden, bis er geschmeidig ist und nicht mehr klebt. Dann zudecken und an einem warmen Plätzchen 1 Stunde lang gehen lassen.

☆ Den Backofen auf 250 ° vorheizen, auch Umluftbacköfen (230 °). Ein Backblech mit Backpapier auslegen. Den Teig noch einmal mit bemehlten Händen kurz durchkneten, zu einem flachen, länglichen Laib formen und der Länge nach übereinanderschlagen. In den heißen Ofen schieben und die Temperatur sofort auf 180 ° (Umluft 160 °) zurückschalten.

☆ Backzeit etwa 75 Minuten. Den heißen Stollen zum Auskühlen auf ein Gitter legen und sofort mit der Butter bepinseln.

☞ *Aufbewahrung und Haltbarkeit:* Wenn er völlig ausgekühlt ist, in eine große Dose packen und 1 bis 2 Wochen durchziehen lassen, bevor er angeschnitten wird. Hält gut gelagert (kühl und gut verpackt) 2 bis 3 Monate.

** Kleiner Christstollen

Es muß ja nicht immer die Menge sein, die für eine Großfamilie reicht oder von der sich ein Single wochenlang ernähren könnte. Dieser Stollen ist mit etwa eineinhalb Pfund immer noch groß genug, um weihnachtliche Gefühle zu erzeugen.

Für 1 Stollen:

25 g Zitronat, 25 g Orangeat, 35 g Korinthen, 35 g Sultaninen,
3 EL Rum, 100 g Butterschmalz, 250 g Mehl,
1 EL Trockenhefe, 30 g Zucker, 1 Prise Salz, 1 Ei, 100 g gehackte Mandeln,
50 ml Milch, 5 Tropfen Zitronenaroma

Zum Bestreichen: *30 g Butter*

Zum Bestreuen: *2 EL Puderzucker*

☆ Zitronat und Orangeat fein hacken, die Rosinen waschen, abtropfen lassen und alles, am besten über Nacht, im Rum einweichen.
☆ Butterschmalz leicht erwärmen. Mehl, Hefe, Zucker und Salz mischen, mit Ei, Butterschmalz, Mandeln, Milch und dem Zitronenaroma verkneten. So lange durchkneten, bis der Teig nicht mehr klebt. Zudecken und an einem warmen Ort 1 bis 2 Stunden gehen lassen. Die Rumfrüchte in den Teig einarbeiten und noch einmal 1 bis 2 Stunden gehen lassen.
☆ Den Backofen auf 250 ° vorheizen (Umluft 230 °). Blech mit Backpapier auslegen. Den Teig zu einem ovalen Fladen formen und eine Hälfte überklappen. Den Stollen in den heißen Backofen schieben, die Temperatur sofort auf 175 ° (Umluft 150 °) drosseln. Etwa 45 bis 50 Minuten backen.
☆ Den heißen Stollen zum Auskühlen auf ein Gitter legen. Noch warm mit der Butter bestreichen und mit dem Puderzucker bestäuben.

☞ *Aufbewahrung und Haltbarkeit:* Nach dem Auskühlen in eine Dose packen und vor dem Anschneiden wenigstens 1 Woche durchziehen lassen. Schmeckt nach 6 Wochen immer noch.

*** Marzipanstollen

(siehe Foto Seite 109)

Für 1 Stollen:

125 g Korinthen, 125 g Sultaninen,
2 EL Rosenwasser (aus der Apotheke),
125 ml Milch, 1 Würfel Frischhefe,
500 g Mehl, 40 g Zucker, $^1/_2$ TL Salz,
125 g gehackte Mandeln,
abgeriebene Schale von 1 unbehandelten Zitrone,
$^1/_2$ TL Kardamom, 1 Ei, 200 g weiche Butter,
100 g Belegkirschen,
2 EL Pistazien, 200 g Marzipanrohmasse,
2 EL Kirschwasser

Zum Bestreichen:

100 g Butter,
100 g Puderzucker

Außerdem:

Backpapier, Pergament

☆ Die Rosinen waschen, abtropfen lassen und in Rosenwasser einweichen. Die Milch ganz leicht erwärmen, die Temperatur muß so lau sein, daß man ohne weiteres hineinfassen kann. Die Hefe hineinbröckeln. Vom Mehl einen Löffel abnehmen und in die Milch rühren, den Zucker zugeben. Alles zu einem dicken Brei verrühren, stehen lassen.

☆ Das übrige Mehl mit Salz, Mandeln, Zitronenschale und Kardamom mischen und in eine Schüssel füllen, in die Mitte eine Vertiefung drücken. Den aufgegangenen Hefebrei hineinfüllen, Ei und Butter zugeben und von der Mitte her zu einem geschmeidigen Teig verkneten. Anfangs hilft Ihnen der Knethaken des Handrührgeräts, später müssen Sie selbst Hand anlegen.

☆ Die eingeweichten Rosinen in den Teig einkneten. Zugedeckt an einem warmen Plätzchen 1 bis 2 Stunden gehen lassen.

☆ Die Kirschen fein hacken und mit dem Marzipan, Pistazien und dem Kirschwasser verkneten. Zu einer Rolle formen. Das Backblech mit Backpapier auslegen. Den Teig zu einem ovalen Fladen ausrollen, die Marzipanrolle längs hineinlegen, den Teig darüberklappen.
☆ Backofen auf 250 ° (Umluft 230 °) vorheizen. Einen Pergamentbogen, der etwa 2 ½ mal so lang ist wie der Stollen so falten, daß ein etwa 3 cm breiter Streifen entsteht. Diesen Streifen um den Stollen legen und die Enden mit einem Spießchen feststecken, damit der Marzipanstollen seine Form behält.
☆ In den heißen Backofen schieben, sofort die Temperatur auf 175 ° (Umluft 160 °) drosseln und den Stollen etwa 1 Stunde backen.
☆ Den heißen Marzipanstollen zum Abkühlen auf ein Gitter legen. Die Butter schmelzen und den warmen Stollen damit bestreichen. Puderzucker darüber sieben. Nach einigen Minuten wieder mit Butter bepinseln und Zucker darüber streuen. So lange wiederholen, bis Butter und Zucker verbraucht sind.

☞ *Haltbarkeit:* 1 bis 2 Wochen an einem kühlen Ort in einer Dose lagern, bevor Sie das gute Stück anschneiden. Hält dann noch 2 Monate.

** Mandelstollen

Weiß wie Schnee, der reine Mandelgeschmack – ein Stollen für Puristen und Mandel-Fans!

Für 1 Stollen:

200 ml Milch, 1 Würfel Frischhefe, 500 g Mehl, 150 g Zucker,
1 Prise Salz, 200 g weiche Butter,
1 Ei, 200 g geschälte geriebene Mandeln, 2 EL Amaretto-Likör

Zum Bestreichen:

50 g Butter, 50 g Puderzucker

Außerdem:

Mehl für die Arbeitsfläche, Backpapier

☆ Die Milch ganz leicht erwärmen. In die lauwarme Milch die Hefe bröckeln. Vom Mehl 2 und vom Zucker 1 Löffel abnehmen und in die Milch rühren. Etwa 20 Minuten stehen lassen.

☆ Mehl, Zucker und Salz vermischen und in eine Rührschüssel füllen. Butter, Ei, Mandeln, Likör und den Hefebrei zugeben und alles zu einem glatten Teig verarbeiten (erst mit den Knethaken, dann mit der Hand oder am besten in der Küchenmaschine). Den Teig an einem warmen Platz etwa 1 Stunde gehen lassen.

☆ Ein Backblech mit Backpapier auslegen. Backofen auf 250 ° (Umluft 230 °) vorheizen. Den Teig auf der bemehlten Arbeitsfläche zu einem länglichen Fladen rollen, der Länge nach übereinanderklappen und in den Ofen schieben.

☆ Die Temperatur sofort auf 180 ° (Umluft 160 °) zurückschalten und den Mandelstollen etwa 50 Minuten backen.

☆ Den heißen Stollen auf ein Gitter legen und mit der zerlassenen Butter bepinseln, mit Puderzucker bestäuben. Nach einigen Minuten erneut mit Butter bestreichen und mit Zucker bestreuen und so weiter, bis Butter und Zucker aufgebraucht sind.

☞ *Aufbewahrung und Haltbarkeit:* Nach dem Auskühlen den Stollen gut verpacken und kühl lagern. Nach frühestens 1 Woche anschneiden. Der edle Mandelstollen hält dann noch 2 Monate.

** Aprikosen-Dinkel-Stollen

(vollwertig)

Rosinen, Zitronat und Orangeat sind nicht jedermanns Sache. Mit diesem Aprikosen-Stollen wachsen dem Traditionsgebäck vielleicht völlig neue Fans zu. Wenn Sie Vollwertkost nicht so schätzen – kein Problem: Nehmen Sie statt Dinkelvollkornmehl gewöhnliches Weizenauszugsmehl und statt des Honigs weißen Zucker.

Für 1 Stollen:

250 g getrocknete Aprikosen, 100 ml Weißwein (ersatzweise Apfelsaft),
500 g Dinkelvollkornmehl, 2 Päckchen Trockenhefe, 2 Msp Salz,
abgeriebene Schale von 2 Zitronen, 1/4 TL Zimt, 1/4 TL gemahlene Nelken,
200 g weiche Butter, 100 g heller Honig, 1 Ei, 125 ml Milch,
125 g gehackte Mandeln, 100 g Honig-Marzipan oder Marzipan-Rohmasse

Zum Bestreichen: *50 g Butter, 50 g Puderzucker oder Honig*

☆ Die Aprikosen sehr klein schneiden und im Wein (oder Saft) einweichen. Über Nacht stehen lassen.

☆ Das Mehl mit Hefe, Salz, Zitronenschale und den Gewürzen vermischen und in eine Rührschüssel füllen. Butter, Honig, Ei und Milch zugeben und, erst mit den Knethaken des Handrührers, dann mit Hand, zu einem glatten Teig verkneten. Zugedeckt an einem warmen Platz 1 bis 2 Stunden gehen lassen.

☆ Den Teig mit bemehlten Händen noch einmal kneten, dann die Aprikosen einarbeiten. Die Masse zu einem länglichen Fladen ausrollen. Den Backofen auf 250 ° (Umluft 230 °) vorheizen. Backblech mit Backpapier oder Backfolie auslegen. Gehackte Mandeln und Marzipan miteinander verkneten und auf dem Teig verteilen. Den Teig der Länge nach überklappen.

☆ Den Stollen in den heißen Backofen schieben, sofort auf 175 (Umluft 160 °) zurückschalten und etwa 1 Stunde backen.

☆ Den heißen Stollen auf ein Gitter legen und mit geschmolzener Butter bestreichen, mit Puderzucker bestäuben. Nach einigen Minuten wiederholen und so weitermachen, bis Butter und Zucker aufgebraucht sind. (Vollwertpuristen beschränken sich darauf, den Stollen einmal mit Honig zu bepinseln.)

☞ *Haltbarkeit:* Schmeckt erst nach einer Woche so richtig gut, hält in der Dose 2 Monate.

*** Christstollen Dresdner Art

Wenn Sie in Dresden wohnen, wird's natürlich ein original Dresdner Stollen. Der Teig wird mit Hefe angesetzt, aber wie Mürbteig weiterverarbeitet.

Für 1 Stollen:

75 g Zitronat, 75 g Orangeat, 150 g Korinthen, 150 g Sultaninen,
2 EL Rum, 125 ml Milch, 1 Würfel Frischhefe,
100 g Zucker, 500 g Mehl, 1 Prise Salz, 1/4 TL Zimt,
abgeriebene Schale von 1 unbehandelten Zitrone, 200 g kalte Butter,
1 Eigelb, 150 g Mandelstifte

Zum Bestreichen:

50 g Butter, 50 g Puderzucker

Außerdem:

Backpapier oder Dauerbackfolie

☆ Zitronat und Orangeat sehr fein hacken. Die Rosinen mit dem Rum übergießen.

☆ Die Milch ganz sanft erwärmen, in die lauwarme Milch die Hefe bröckeln. Vom Zucker 1 Löffel abnehmen und in die Milch rühren. 2 Löffel Mehl zugeben, alles zu einem dicken Brei rühren und stehen lassen.

☆ Das übrige Mehl mit Zucker, Salz, Zimt und Zitronenschale vermischen und auf die Arbeitsfläche sieben. In die Mitte eine größere Mulde drücken. Die Butter klein schneiden und auf dem Rand verteilen. In die Vertiefung den aufgegangenen Hefeansatz und das Eigelb füllen. Diese Zutaten mit einem breiten Messer durchhacken, dann mit den Händen schnell zu einem festen Teig verkneten.

☆ Ausgiebig kneten, bis der Teig geschmeidig ist, dann Mandeln, Zitronat und Orangeat in den Teig einarbeiten. Den Teig in einem kühlen Raum langsam gehen lassen, am besten **über Nacht**.

☆ Backblech mit Backpapier oder Dauerbackfolie auslegen. Teig noch einmal kurz durchwalken und mit den Rosinen verkneten. Erneut an einem kühlen Ort gehen lassen, kurz verkneten, zu einem länglichen Fladen ausrollen und der Länge nach überklappen.

☆ Wiederum ein Weilchen ruhen lassen. Inzwischen den Backofen auf 250 ° (Umluft 230 °)

☆ Den Teig auf einer bemehlten Fläche zu einem Rechteck ausrollen und mit der Füllung bestreichen. Von beiden Längsseiten her zur Mitte hin rollen.
☆ Backofen auf 190 ° vorheizen. Backblech mit Backpapier oder Dauerbackfolie auslegen. Den Mohnstollen etwa 45 Minuten backen (Umluft 170 °).
☆ Den heißen Stollen auf ein Gitter legen. Die Butter schmelzen und den warmen Stollen damit bestreichen. Mit Puderzucker bestreuen. Vorgang so lange wiederholen, bis Butter und Zucker aufgebraucht sind.

☞ *Haltbarkeit:* Dieser Stollen ist nicht für die Ewigkeit gemacht und sollte innerhalb einer Woche gegessen werden.

*** Marias Birnbrot

Unter den getrockneten Früchten, die in süßem Weihnachtsbrot Verwendung finden, spielen getrocknete Birnen, Hutzeln oder bayerisch Kletzen genannt, eine Hauptrolle. Hutzel-, Kletzen- oder Birnbrot gibt es je nach Region in zahlreichen Variationen. Dieses hier kommt aus dem Schwäbischen und hat einen Mantel aus Hefeteig – der ein klein wenig Mühe und Geschick erfordert.
(Ein Rezept für Früchtebrot ohne Teighülle finden Sie auf Seite 124.)
Die angegebene Menge ist recht üppig. Sie könnten die Zutaten zwar problemlos halbieren – würden dadurch aber nur unwesentlich Arbeit sparen. Also machen Sie besser gleich die ganze Menge: So haben Sie, wenn Sie hübsche kleine Laibe backen, gleich ein paar nette Mitbringsel für liebe Freunde.

Für 2 größere oder 4 kleinere Laibe:

500 g Hutzeln (getrocknete Birnen), 250 g Dörrpflaumen ohne Stein,
500 g getrocknete Feigen, 50 g Zitronat, 50 g Orangeat,
2 unbehandelte Zitronen, 500 g Sultaninen, 150 g Haselnüsse,
150 g Mandeln, 50 ml Rum,
2 EL gemahlener Zimt, 1 EL gemahlene Nelken, 100 g Zucker

Für den Teig:

1 kg Mehl, 2 Würfel Frischhefe, 1 TL Salz, 2 EL Zucker

☆ Die Hutzeln oder Kletzen in $^{3}/_{4}$ Liter Wasser eine halbe Stunde sanft köcheln lassen, in ein Sieb schütten und die Flüssigkeit auffangen: Sie wird noch für den Teig gebraucht. Pflaumen und Feigen klein schneiden. Inzwischen sind die Birnen etwas abgekühlt, und Sie können sie ebenfalls zerkleinern.
☆ Zitronat und Orangeat fein hacken. Die Zitronen heiß waschen, gut abtrocknen und die Schale abreiben. Früchte, Nüsse, Gewürze, Rum und Zucker vermischen und zugedeckt **über Nacht** durchziehen lassen.
☆ Das Birnen-Kochwasser leicht erwärmen: Es darf nur lauwarm sein. Die Hefe darin auflösen, etwas Zucker und einige Löffel Mehl dazurühren. Eine halbe Stunde stehen lassen. Das restliche Mehl mit dem Salz und dem übrigen Zucker vermischen und mit dem Vorteig zu einem geschmeidigen Teig verkneten. Falls die Birnenbrühe nicht ausreicht, noch etwas Wasser zugeben.

☆ Den Teig für die Hülle beiseite legen: etwa ⅓, wenn Sie zwei große Brote machen, etwa die Hälfte, wenn es mehrere kleine Brote werden sollen. Den übrigen Teig mit den Früchten verkneten und zugedeckt stehen lassen.

☆ Inzwischen den Einwickel-Teig in so viele Portionen teilen, wie Sie Laibe backen möchten. Sehr dünn ausrollen. Den Früchteteig zu Laiben formen, mit Teig umhüllen und auf mit Backpapier ausgelegte Bleche legen. Eine weitere Stunde gehen lassen.

☆ Den Backofen auf 180 ° vorheizen. In die Teighüllen mit einer Gabel mehrfach einstechen, damit beim Backen der Dampf entweichen kann. Backzeit je nach Größe der Brote: 40 bis 60 Minuten (Umluft 160 °).

☞ *Aufbewahrung und Haltbarkeit*: In Dosen gepackt, kühl und trocken gelagert, können diese Brote leicht bis zum Fasching halten. »Kühl und trocken« ist aber wirklich wichtig, weil sonst die Gefahr besteht, daß das Brot zu schimmeln beginnt.

** Kletzenbrot

Ein köstliches Früchtebrot ohne Teigmantel. Es wird mit Vollkornmehl hergestellt, nur mit ein wenig Honig und Birnendicksaft gesüßt und ist somit eine ausgesprochen angenehme, vollwertige Leckerei.

Für 2 bis 3 kleine Laibe:

200 g Kletzen (getrocknete Birnen), 150 g Dörrpflaumen ohne Stein,
150 g getrocknete Feigen, 50 g Zitronat,
100 g Rosinen, 100 g Haselnußkerne, 50 g Walnußkerne,
4 EL Birnendicksaft, 3 EL Rum, 1 gehäufter TL Zimt,
1/2 TL gemahlene Nelken, 1/2 TL gemahlener Piment (Nelkenpfeffer)

Für den Teig:

250 g fein gemahlener Weizen, 1 Päckchen Trockenhefe,
Salz, 30 g weiche Butter, 2 EL Honig, evtl. 120 ml Milch

Zum Glasieren und Belegen:

50 g geschälte Mandeln, 1 EL Honig, 1 EL Butter

☆ Die Kletzen in 3/8 l Wasser etwa 1/2 Stunde köcheln lassen. In ein Sieb schütten, den Sud auffangen (Sie können den Teig wahlweise mit Milch oder mit dem Birnensud zubereiten).
☆ Birnen, Pflaumen und Feigen klein schneiden, Zitronat fein hacken. Früchte, Nüsse, Birnendicksaft, Rum und Gewürze mischen und zugedeckt **über Nacht** durchziehen lassen.
☆ Für den Hefeteig das Mehl mit der Trockenhefe und einer kräftigen Prise Salz vermischen. Etwa 1/8 l Flüssigkeit (Milch oder Birnensud), Butter und Honig zugeben und zu einem elastischen Teig verkneten. Zugedeckt an einem warmen Ort gehen lassen, bis sich das Volumen verdoppelt hat.
☆ Die Früchtemischung gut mit dem Teig verkneten. 2 bis 3 Laibe formen und auf ein mit Backpapier ausgelegtes Blech legen, erneut 1/2 Stunde gehen lassen. Die Mandeln halbieren und die Brote damit belegen. Bei 180 ° (Umluft 160 °) etwa 50 Minuten backen.
☆ Honig und Butter leicht erwärmen und die noch heißen Brote damit bestreichen.

☞ *Haltbarkeit:* Kühl und trocken gelagert hält sich dieses Früchtebrot 6–8 Wochen.

*** Ingwerstollen

Wenn Sie zu den Liebhabern der fruchtig-scharfen Knolle gehören, werden Sie diesen Stollen mögen. Er ist nicht übermäßig süß, enthält dafür aber eine ordentliche Portion Butter – ein bißchen Sünde darf es an Weihnachten schon sein.

<u>Für 1 Stollen:</u>

75 g Sultaninen, 3 EL Weinbrand bzw. Cognac, 400 g Mehl,
100 ml lauwarme Milch, 1 EL Zucker,
1 Würfel Frischhefe, 100 g frischer Ingwer, 50 g Zitronat, 50 g Orangeat,
250 g weiche Butter, 1 Ei, 100 g gehackte Mandeln

<u>Zum Belegen:</u> *50 g Pinienkerne*

<u>Zum Bestreichen:</u> *2 EL Butter, 2 EL Honig*

☆ Die Sultaninen mit dem Cognac übergießen und ziehen lassen. Vom Mehl 5 EL abnehmen und mit Milch, Zucker und der Hefe verrühren. Zudecken und 20 Minuten stehen lassen.
☆ Jetzt haben Sie Zeit, den Ingwer zu schälen und zu reiben sowie Zitronat und Orangeat sehr fein zu hacken.
☆ Aus Mehl, Butter, Ei und Hefebrei einen glatten Teig kneten (Knethaken des Handrührers oder Küchenmaschine). Er soll geschmeidig, aber nicht zu weich sein, schließlich soll er beim Backen die Form behalten. Wenn nötig, noch ein wenig Mehl zugeben.
☆ Ingwer, Früchte und Mandeln hineinkneten und zugedeckt an einem warmen Ort gehen lassen, bis sich das Teigvolumen annähernd verdoppelt hat.
☆ Den Teig noch einmal kräftig durchkneten und zu einem länglichen Fladen rollen. Der Länge nach überschlagen und auf ein mit Backpapier oder Backfolie ausgelegtes Blech legen. Mit den Pinienkernen verzieren.
☆ Den Backofen auf 200 ° vorheizen und, sobald der Stollen drin ist, auf 170 ° zurückschalten (Umluft 150 °). Etwa 1 Stunde backen.
☆ Butter und Honig leicht erwärmen und den noch heißen Stollen damit bestreichen.

☞ *Haltbarkeit:* Nach einer Woche in der Dose schmeckt der Stollen perfekt und hält etwa 2 Monate.

Rührteig und Biskuit

☆ Aus diesem Teig sind einige der einfachsten Plätzchen, die im Handumdrehen gemacht sind, aber trotzdem unwiderstehlich lecker schmecken. Backmuffel oder Anfänger können sich hier schnelle Erfolgserlebnisse holen.

☆ Darüber hinaus gibt es aber natürlich auch raffinierte Rührteigrezepte für Könner und Kenner.

☆ Wenn Sie selbst experimentieren möchten:

☆ Für *Kuchen* ist eine Mischung aus Butter, Zucker, Mehl und Eiern zu gleichen Teilen als Basis immer goldrichtig. Backpulver ist nicht nötig. Dazu 100 bis 150 g Geschmackszutaten, die aus dem Ganzen erst einen Schokoladen-, Rosinen- oder Früchtekuchen machen.

☆ Für *Plätzchen*, die ja etwas länger halten sollen, wird die Mehlmenge erhöht, da braucht es dann auch etwas Backpulver.

** Ingwerplätzchen

Fix gemacht sind diese Ingwerplätzchen. Mit ihrer Schärfe sind sie zwischen all dem rein Süßen, was man zur Weihnachtszeit so konsumiert, eine angenehme Abwechslung.

Für ca. 40 Stück:

1 Stück Ingwerwurzel (etwa 40 g, ausgesprochene Ingwer-Fans nehmen die doppelte Menge), 125 g Butter, 125 g Zucker, 1 hart gekochtes Eigelb, 1 Ei, 200 g Mehl, 1 TL Hirschhornsalz

Außerdem:

Butter fürs Blech

☆ Den Ingwer schälen und fein reiben*. Butter und Zucker schaumig rühren. Das Eigelb zerdrücken und zusammen mit dem Ingwer dazurühren, das ganze Ei ebenfalls in die Masse rühren.

☆ Mehl und Hirschhornsalz vermischen und nach und nach unterrühren.

☆ Wer es sich leicht machen will, setzt jetzt – Abstand halten, der Teig läuft auseinander – kirschgroße Häufchen aufs Blech und bäckt sie bei 200 ° (Umluft 180 °) etwa 10 Minuten lang.

☆ Perfektionisten formen aus dem Teig auf einer bemehlten Platte mehrere dünne Rollen von 2 bis 3 cm ∅ und stellen sie kalt.

☆ Nach einer Stunde Kühlen etwa $^1/_2$ cm dicke Scheiben von den Teigrollen schneiden und auf ein gefettetes Blech legen. Ebenfalls 10 Minuten bei 200 ° (Umluft 180 °) backen.

☞ *Haltbarkeit:* Die Plätzchen sollten innerhalb von 2 Wochen gegessen werden.

* *Ingwer reiben:* Lästig am Reiben von Ingwer ist das anschließende Reinigen der Reibe, weil die Ingwer-Fasern darin festhängen. Machen Sie es so: Drücken Sie ein Stück Pergament auf die Reibe und reiben den Ingwer dann. Wenn Sie anschließend das Pergamentpapier abnehmen, können Sie den Ingwer bequem abstreifen, und die Reibe bleibt sauber.

*** Weihnachtliche Petits fours

(siehe Foto Seite 129)

Für 24 Stück:

Für die Biskuitmasse:

4 Eier, 120 g Zucker, 1 Prise Salz, 1 Msp Vanillemark, 40 g Speisestärke, 80 g Mehl

Für die Füllung:

4 EL Aprikosenkonfitüre, 2 EL Apricot Brandy

Für den Belag:

100 g Marzipanrohmasse, 50 g Puderzucker, 2 EL Aprikosenkonfitüre

Für die Glasur:

125 g Puderzucker, 3 EL Zitronensaft

Zum Dekorieren:

bunte Zuckerperlen, klein geschnittene kandierte Früchte und Blüten, Pistazien, gefärbter Zuckerguß usw.

Außerdem:

2 EL Zucker für das Tuch

✰ Den Backofen auf 190 ° vorheizen. Eier, Zucker, Salz und Vanille mit dem Schneebesen des Handrührers sehr schaumig rühren. Stärke und Mehl sieben und locker unterheben.

✰ Die Masse gleichmäßig auf ein mit Pergament ausgelegtes Blech streichen und in etwa 25 bis 30 Minuten goldgelb backen.

✰ Die Biskuitplatte auf ein mit Zucker bestreutes Küchentuch stürzen. Mit einem feuchten Tuch über das Backpapier wischen und das Papier abziehen. Den Teig abkühlen lassen.

✰ Aus dem Biskuit paarweise weihnachtliche Formen wie Sterne ausstechen oder einfach Quadrate oder Rauten ausschneiden.

Weihnachtliche Petits fours (S. 128)

☆ Konfitüre und Brandy miteinander verrühren und je 2 gleiche Formen damit zusammenfügen. Marzipan mit Puderzucker und Konfitüre verkneten, zwischen zwei Klarsichtfolien ausrollen und für jeden Doppeldecker eine passende Form ausstechen oder zurechtschneiden und auflegen.
☆ Puderzucker und Zitronensaft miteinander verrühren und die Petits fours damit glasieren. Nach Belieben dekorieren.

☞ *Aufbewahrung und Haltbarkeit:* Die Petits fours sind zwar auch nach 3 Tagen Dose noch genießbar, am besten schmecken sie aber ganz frisch.

* Rosinenplätzchen

Wenig Mühe bereiten diese Plätzchen aus Sandteig. Durch den Rum, in dem die Rosinen eingeweicht werden, bekommen sie ihr feines Aroma. Sie können sie aber auch individuell parfümieren, indem Sie die Rosinen in Rotwein, Orangensaft oder auch in Orangenblütenwasser (aus der Apotheke) einweichen.

Für etwa 40 Stück:

100 g Korinthen, 2 EL Rum, 100 g weiche Butter,
100 g Zucker, 2 Eier, 100 g Mehl

☆ Die Zutaten ergeben einen sehr geschmeidigen, weichen Teig, der beim Backen flach auseinander fließt. Etwas mehr Mehl macht ihn stabiler – aber auch weniger fein.
☆ Die Korinthen in Rum einweichen. (☞ Tip: Damit die Korinthen evtl. vorhandene Stengel verlieren, mit etwas Mehl bestäuben und zwischen den Händen reiben.)
☆ Alle angegebenen Zutaten mit dem Handrührer zu einer geschmeidigen Masse verrühren.
☆ Den Backofen auf 180 ° vorheizen. Backbleche mit Backpapier auslegen und den Teig in kirschgroßen Häufchen darauf setzen. Der Teig ist sehr fein und läuft beim Backen auseinander. Daher mehrere Fingerbreit Abstand lassen.
☆ In etwa 12 Minuten goldgelb backen (Umluft 160 °).

☞ *Haltbarkeit:* Diese Plätzchen sind zart wie Katzenzungen. Sie schmecken frisch aus dem Ofen himmlisch und halten sich in der Dose 1 bis 2 Wochen.

** Weihnachts-Schokoriegel

(siehe Foto Seite 133)

Für diese ganz speziellen Schokoriegel brauchen Sie ein kleines Blech mit hohem, ganz umlaufendem Rand. Eine flache Auflaufform tut es aber auch.

Für etwa 40 Stück:

100 g Zartbitterschokolade, 1/2 Vanilleschote, 100 g Butter,
130 g Zucker, 4 Eier, 3 EL dunkles Kakaopulver, 1/2 TL Zimt, 120 g Mehl,
100 g gemahlene Haselnüsse, 75 g Kokosflocken

Für die Glasur:

150 helle Kuvertüre, 3 EL Kokosflocken

Außerdem:

2 EL Zucker für das Tuch

✰ Die Schokolade bei schwacher Hitze schmelzen lassen. Die Vanilleschote der Länge nach aufschlitzen und das Mark herauskratzen. Butter, Zucker und Vanille schaumig schlagen.
✰ Die Eier trennen. Eigelbe und Schokolade mit der Buttermasse verrühren. Kakao, Zimt, Nüsse und Mehl mischen und dazurühren. Zuletzt das Eiweiß zu steifem Schnee schlagen und locker unter die Masse heben.
✰ Den Backofen auf 180 ° vorheizen. Die Masse auf das mit Pergament ausgelegte Blech steichen und etwa 40 Minuten backen.
✰ Die Teigplatte sofort nach dem Backen auf ein mit Zucker bestreutes Küchentuch stürzen. Mit einem feuchten Tuch über das Pergament wischen und das Papier vorsichtig abziehen.
✰ Die Kuvertüre bei niedriger Temperatur schmelzen und auf die Teigplatte streichen. Mit Kokosraspeln bestreuen. Kleine Riegel zurechtschneiden.

☞ *Aufbewahrung und Haltbarkeit:* Wie jedes biskuitartige Gebäck sollten auch die Schokoriegel nicht alt werden. Frisch schmecken sie wunderbar, nach einer Woche (in der Dose) sollte keiner mehr übrig sein.

Weihnachts-Schokoriegel (S. 132)

** Mini-Törtchen

(siehe Foto Seite 157)

Winzige Mini-Muffins für den Weihnachtsteller, die frisch aus dem Backofen am besten schmecken.

<u>Für etwa 70 Stück:</u>

2 Eier, 100 g Zucker, 100 g Mehl, 1 Msp Backpulver,
abgeriebene Schale von 1 unbehandelten Zitrone, Mark von 1/2 Vanilleschote,
100 g weiche Butter, 50 g bunte Zuckerperlen

<u>Außerdem:</u>

etwa 70 Pralinenkapseln aus Papier oder Stanniol

☆ Eier und Zucker schaumig rühren. Mehl mit Backpulver mischen und zusammen mit der Zitronenschale und dem Vanillemark unterrühren. Zuletzt die Butter zugeben und noch einmal kräftig verrühren.
☆ Den Backofen auf 180 ° vorheizen. Den Teig in einen Spritzbeutel füllen und die Pralinenkapseln zur Häfte mit dem Teig füllen. Mit den Zuckerperlen bestreuen.
☆ Die Törtchen auf einem Blech in etwa 12 bis 15 Minuten goldgelb backen. Mit einem Holzstäbchen die Garprobe machen.

☞ *Tip:* Sie können die Hälfte des Teigs mit einem Eßlöffel dunklen Kakaopulvers verrühren.
Aufbewahrung und Haltbarkeit: Die Liliput-Muffins gewinnen durch Lagern nicht. Sie sollten innerhalb von zwei Tagen aus Ihrem Vorratschrank verschwunden sein.

* Schokosplitt-Kekse

Das ideale Rezept für Backmuffel, die in letzter Minute plötzlich doch noch von der Sehnsucht nach Selbstgebackenem übermannt werden. Einfacher geht es nun wirklich nicht – trotzdem schmecken diese Plätzchen wirklich köstlich. Außerdem praktisch für Spontan-Bäcker: Die Schokosplitt-Kekse schmecken frisch am besten.

<u>Für etwa 40 Stück:</u>

125 g Mehl, 125 g weiche Butter, 125 g Zucker,
3 Eier, 75 g Schokoraspel

✰ Den Backofen auf 200 ° (Umluft 180 °) vorheizen. Alle Zutaten gut miteinander verrühren. Auf ein mit Backpapier ausgelegtes Blech mit zwei Teelöffeln sehr kleine Teighäufchen setzen und backen, bis sie zartgelb sind.

☞ *Haltbarkeit:* Die Plätzchen schmecken am besten, wenn sie wenige Tage alt sind.

*** Sacher-Christbäumchen

Aus einem vornehmen Schokoladenteig – fast identisch mit Sachertortenteig, nur daß dieser hier ein wenig backpulvergestützt ist – entsteht ein wunderschöner Weihnachtswald mit Wichteln. Das Anschauen ist allerdings ein kurzes Vergnügen, denn dieses Gebäck schmeckt am besten frisch.

Für 12 gefüllte oder 24 einfache Figuren:

4 große Eier, 130 g Kuvertüre, 125 g weiche Butter, 125 g Zucker,
100 g gemahlene Mandeln oder Haselnüsse,
150 g Mehl, 1 Eierlöffel Backpulver

Für die Glasur:

250 g Puderzucker, Saft von 1 Zitrone, rote und grüne Speisefarbe,
bunte Zuckerperlen; evtl. 50 g dunkle Kuvertüre

☆ Den Boden einer Springform gut einfetten oder mit Dauerbackfolie auslegen. Die Eier trennen. Die Schokolade bei niedriger Temperatur schmelzen.
☆ Die Eigelbe mit Butter und Zucker schaumig rühren und die Nüsse/Mandeln hineinrühren. Die Schokolade unter die Masse ziehen. Das Mehl mit dem Backpulver vermischen und zugeben.
☆ Backofen auf 200 ° vorheizen. Das Eiweiß gut steif schlagen und unter die Masse heben. In die Springform füllen und etwa 30 Minuten backen (Umluft 180 °). Unbedingt die Garprobe mit dem Holzstäbchen machen.
☆ Den fertigen Kuchen etwas abkühlen lassen und in 12 Stücke schneiden. Diese Stücke noch einmal waagerecht durchschneiden, so daß Sie 24 flache Kuchenstücke haben.
☆ Aus Puderzucker und Zitronensaft einen Zuckerguß herstellen. Für die Tannenbäume einen Großteil der Zuckermasse kräftig grün färben. Für Zwerge färben sie den Guß rot. Einen kleinen Teil der Zuckermasse weiß lassen.
☆ Für Bäumchen die Kuchenstücke ganz mit grünem Zuckerguß überziehen, etwas antrocknen lassen. In einen kleinen Plastikbeutel weißen Guß füllen, ein winziges Stück Spitze abschneiden, den Baum damit bemalen, silberne oder bunte Zuckerperlen als Christbaum-Kugeln aufsetzen.
☆ Die Zwerge rot einstreichen, mit weißem Guß Gesichter malen. Wenn Sie's ganz perfekt wollen, bekommen die Zwerge noch dunkle Augen aus flüssiger Schokolade.

☞ *Haltbarkeit:* Die Figuren schmecken am besten frisch gebacken. Am übernächsten Tag sollte nichts mehr übrig sein.

* Haferflocken-Cookies

(siehe Foto Seite 167)

Zimt und Kardamom lassen diese einfach herzustellenden Plätzchen aus gerösteten Haferflocken weihnachtlich duften.

Für etwa 25 Cookies:

100 g Butter, 175 g Haferflocken, 100 g Zucker, 2 kleine Eier,
1 EL dunkles Kakaopulver, 1 TL Zimt,
1/2 TL Kardamom, 75 g Mehl, 1 gehäufter TL Backpulver

☆ Von der Butter einen Eßlöffel abnehmen und in einer Pfanne zerlassen. Die Haferflocken darin hellgelb rösten. Wenn die Haferflocken fast soweit sind, 2 Eßlöffel Zucker hineinrühren und abkühlen lassen.
☆ Den Rest der Butter und des Zuckers schaumig rühren, Eier, Kakao und Gewürze zugeben, alles gut verrühren. Das Mehl mit dem Backpulver vermischen und zugeben. Zuletzt die abgekühlten Haferflocken unter die Masse ziehen.
☆ Backblech mit Backpapier oder, noch besser, mit Dauerbackfolie auslegen. Backofen auf 180 ° vorheizen. Mit zwei Teelöffeln etwa kirschgroße Häufchen aufs Blech setzen und ca. 12 Minuten backen (Umluft 160 °).

☞ *Haltbarkeit:* Die Plätzchen schmecken bereits frisch, überstehen aber in der Dose problemlos 2 bis 3 Wochen.

** Braunbärentatzen

<u>Für etwa 40 Stück:</u>

300 g Marzipanrohmasse, 75 g Puderzucker, 6 Eigelb,
1 Msp Zimt, 1 Msp Kardamom, 30 g Kakaopulver

<u>Für die Glasur:</u>

150 g Vollmilch-Kuvertüre

✰ Das Marzipan mit Puderzucker, den Eigelben, Zimt, Kardamom und Kakao glatt rühren, am besten geht das mit den Schneebesen des Handrührers.
✰ Backbleche mit Backpapier oder Dauerbackfolie auslegen. Die Makronenmasse in einen Spritzbeutel mit Sterntülle füllen und kleine Rosetten aufs Blech spritzen.
✰ Bei 180 ° (Umluft 160 °) 10 bis 12 Minuten backen und auskühlen lassen.
✰ Die Kuvertüre bei schwacher Hitze schmelzen und die Bärentatzen zur Hälfte in die Schokolade tauchen. Auf einem Kuchengitter oder auf Pergament trocknen lassen.

☞ *Haltbarkeit:* Etwa 3 Wochen.

** Schokonüßchen

Schokolade und Aprikose – eine Geschmackskombination, die einfach unwiderstehlich ist.

Für etwa 60 Stück:

150 g dunkle Kuvertüre, 1 EL Mehl, 200 g Puderzucker,
250 g gemahlene Haselnüsse, 150 g weiche Butter

Zum Füllen:

150 g Aprikosenkonfitüre

Außerdem:

Mehl zum Verarbeiten, Backpapier oder Dauerbackfolie

☆ Die Schokolade bei niedriger Temperatur schmelzen. Mehl, Puderzucker und Nüsse vermischen. Die Nußmischung und die Butter gut mit der Schokolade verrühren. Die Masse zugedeckt über Nacht kalt stellen.
☆ Den Teig mit Hilfe von wenig Mehl zu Rollen von etwa 3 cm ∅ formen. Die Rollen kalt stellen. Bleche mit Backpapier oder -folie auslegen.
☆ Den Teig portionsweise aus dem Kühlschrank nehmen, in Scheiben schneiden und mit bemehlten Händen zu haselnußgroßen Kügelchen formen. Die Kugeln – nicht zu dicht, weil sie beim Backen auseinanderlaufen – aufs Blech setzen. Die Bleche kalt stellen.
☆ Den Backofen auf 120 ° vorheizen. Die Kugeln etwa 12 Minuten backen (Umluft 110 °). Auskühlen lassen.
☆ Je zwei Halbkugeln mit etwas Aprikosenkonfitüre zusammensetzen.

☞ *Haltbarkeit:* 2 bis 3 Wochen.

* Brownies

Schokolade, Mandeln und Rum verbinden sich in dem amerikanischen Lieblingsgebäck zu einem hinreißenden Geschmacks-Cocktail.

Für etwa 20 Stück:

300 g weiche Butter, 250 g Zucker, 8 Eier,
2 EL Rum, 250 g Schokoladenraspel, 300 g gemahlene Mandeln,
200 g Mehl, 1 Päckchen Backpulver,
3 EL dunkles Kakaopulver, 100 g gehackte Mandeln

Außerdem:

Backpapier oder -folie

✰ Butter und Zucker in einer Rührschüssel schaumig rühren. Die Eier einzeln nacheinander unterrühren. Rum zugeben. Schokolade und Mandeln zufügen. Schließlich Mehl, Backpulver und Kakaopulver mischen und gut mit der Masse verrühren. (Oder alles auf einmal in die Küchenmaschine füllen und zusammenrühren.)
✰ Backofen auf 175 ° vorheizen. Ein Backblech mit ganz umlaufendem Rand mit Backpapier oder Dauerbackfolie auslegen und den Teig darauf verstreichen. Mit den gehackten Mandeln bestreuen. Etwa 45 Minuten backen (Umluft 150 °).
✰ Die fertigen Brownies in Würfel schneiden.

☞ *Haltbarkeit:* Schmecken frisch sehr gut, halten aber in der Dose etwa 2 Wochen

Engelszünglein (S. 50), Ingwer-Schmätzchen (S. 54), Terrassenplätzchen (S. 32)

** Beschwipste Pflaumenplätzchen

Nicht ganz jugendfrei sind diese leckeren Plätzchen für Pflaumenliebhaber.

Für etwa 50 Stück:

250 g getrocknete Pflaumen oder Zwetschgen (ohne Stein),
1 Schnapsglas Weinbrand oder Armagnac,
50 g weiche Butter, 75 g Zucker, 2 Eier,
125 g Mehl, 1 TL Backpulver,
1 gehäufter TL Zimt, 200 g Walnußkerne

☆ Die Pflaumen klein hacken, mit dem Schnaps übergießen und **über Nacht** stehen lassen.
☆ Butter und Zucker schaumig rühren, die Eier einzeln unterrühren. Mehl mit Backpulver und Zimt vermischen und alles einrühren. Die Nüsse grob hacken, die Pflaumen abtropfen lassen und beides gut mit dem Teig vermengen.
☆ Backbleche mit Backpapier oder Backfolie auslegen. Backofen auf 175 ° vorheizen. Etwa kirschgroße Häufchen aufs Blech setzen und 12 bis 15 Minuten backen (Umluft 150 °).

☞ *Haltbarkeit:* Diese Plätzchen sollten wenigstens einen Tag in der Dose durchziehen, damit sich alle Aromen harmonisch verbinden. Sie halten gut 3 bis 4 Wochen.

** Florentiner

Zu den unsterblichen Klassikern gehören die Florentiner. Es handelt sich dabei nicht um Rührteig im strengen Sinne. Da die Masse aber gerührt wird, haben sie nun kurzerhand im Rührteig-Kapitel Aufnahme gefunden.

Für ca. 40 Stück:

30 g Zitronat, 30 g Orangeat, 40 g Belegkirschen,
1 Vanilleschote, 30 g Butter, 50 g Zucker,
200 ml Schlagsahne, 60 g Mehl, 150 g Mandelblättchen,
100 g dunkle Kuvertüre

☆ Orangeat und Zitronat sehr fein, Kirschen grob hacken. Die Vanilleschote aufschlitzen und das Mark herauskratzen. In einem Topf die Butter erwärmen, mit Zucker sowie Sahne verrühren und aufkochen. Gehackte Früchte und Mehl zugeben und alles in wenigen Minuten zu einer dicken Masse einkochen.
☆ Die Masse mit den Mandeln vermischen. Backbleche mit Backpapier oder besser noch mit Dauerbackfolie auslegen. Mit 2 kleinen Löffeln etwa kirschgroße Häufchen aufs Blech setzen und kreisförmig glatt streichen. Bei 180 ° (Umluft 160 °) in etwa 15 Minuten goldbraun backen.
☆ Auf einem Kuchengitter auskühlen lassen. Die Kuvertüre schmelzen, die Florentiner vorsichtig (zerbrechlich!) umdrehen und auf die Unterseite mit einem kleinen Löffel die flüssige Kuvertüre auftragen. Ganz durchtrocknen lassen.

☞ *Haltbarkeit:* Schmecken sofort, halten etwa 3 Wochen.

** Magdalenenschnitten

Für etwa 45 Stück:

140 g Butter, 140 g Zucker, 3 Eier, 3 EL Sauerrahm, 140 g Mehl, 200 g gehackte Mandeln, 3 EL Hagelzucker

✰ Butter mit Zucker schaumig rühren, mit Eiern gut verrühren. Sahne und Mehl löffelweise abwechselnd zugeben. Den Teig auf ein mit Backpapier ausgelegtes Blech streichen, mit Mandeln und Hagelzucker bestreuen und bei 180° hellgelb backen. Noch heiß in Streifen schneiden.

☞ *Haltbarkeit:* Etwa 3 Wochen.

* Sandplätzchen

Für etwa 60 Stück:

225 g Schmalz, 1 Ei, 1 Eigelb, 125 g Zucker, 50 g geriebene Mandeln, etwas Vanillemark, 250 g Mehl

Außerdem:

Backpapier oder Dauerbackfolie

✰ Weiches Schmalz mit Ei und Eigelb 30 Minuten rühren, Zucker und Mandeln unterrühren, Mehl und Vanillemark zufügen und alles gut vermischen.
✰ Den Backofen auf 180 ° (Umluft 160 °) vorheizen.
✰ Kleine Klößchen rollen, aufs Blech setzen und in ca. 20 Minuten lichtgelb backen.

☞ *Haltbarkeit:* Am besten innerhalb einer Woche aufessen.

Marzipan-Doppeldecker (S. 37), Biberle (S. 67), Marzipanschnitten (S. 53), Bethmännchen (S. 107)

* Cantuccini/Ghiottini – toskanische Mandelkekse

Für etwa 100 Stück:

500 g Mehl, 400 g Zucker, 6 Eigelb, 1 Eierlöffel Backpulver,
lauwarmes Wasser,
Schale von 1 unbehandelten Orange und 2 Zitronen, 250 g Mandeln

Außerdem:

Mehl für die Arbeitsfläche

✰ Durch die Mandeln ist der Teig so schwer, daß auch die Küchenmaschine streikt. Deshalb zuerst mit der Maschine aus den genannten Zutaten einen glatten Teig herstellen, danach die Mandeln von Hand hineinkneten.
✰ Den Teig auf der bemehlten Arbeitsfläche zu Rollen von etwa 5 cm ∅ formen und goldgelb backen.
✰ Backzeit: etwa 30 Minuten bei 180 ° (160° Umluft). Nach 20 Minuten die Bleche herausholen und das Gebäck mit Milch bepinseln.
✰ Noch warm schräg in 1 cm dicke Schnittchen schneiden. Ausgekühlt in eine Dose füllen.

☞ *Haltbarkeit:* Auch nach 4 Wochen in der Dose sind die Kekse noch gut eßbar.

Blätterteig

☆ Es ist nicht zu leugnen: Blätterteig macht Arbeit.

☆ Wozu die Mühe? Gibt es nicht für wenig Geld Blätterteig in jedem Supermarkt? Für Gerichte, bei denen der Geschmack der Füllung dominiert und der Blätterteig nur belanglose Hülle ohne viel Eigengeschmack sein soll, mag der gekaufte sicher gut genug sein. Aber für so nette kleine Schweinsöhrchen beispielsweise, die aus Blätterteig und sonst gar nichts bestehen, taugt der gekaufte kaum.

☆ Blätterteig besteht etwa zur Hälfte aus Fett, und beim gekauften ist das keine Butter, weil die für die maschinelle Fertigung nicht so gut geeignet ist, sondern »Ziehmargarine« mit allerlei gehärteten Fetten. Viel Fett, aber kein gutes – das wollen wir uns zu Weihnachten doch wirklich nicht antun!

☆ Übrigens: Mille feuilles, das französische Wort für Blätterteig, bedeutet tausend Blätter, und fast soviele Schichten werden es wirklich, wenn Sie den Teig richtig ausrollen.

☆ Also lassen Sie es uns doch einfach mal probieren:

*** Blätterteig-Grundrezept

Für 600 g (Sie können die Menge problemlos verdoppeln und einfrieren, was Sie nicht gleich verwenden):

250 g Mehl, 1/4 TL Salz, 250 g kalte Butter

Außerdem: *etwas Mehl für die Arbeitsfläche*

☆ Zunächst ist aus Mehl und Wasser ein nicht zu elastischer Strudelteig herzustellen (diese Arbeit kann Ihnen auch Ihre Küchenmaschine abnehmen): Das mit Salz vermischte Mehl auf die Arbeitsfläche häufen, in die Mitte eine Vertiefung drücken. 150 ml kaltes Wasser bereitstellen.
☆ Etwa die Hälfte des Wassers in die Mitte gießen, von der Mitte her Mehl und Wasser mit den Fingern vermischen und zu einem glatten Teig verkneten. Ab und zu ein wenig Wasser zugeben, immer weiter kneten. Das Wasser muß nicht ganz verbraucht werden. Gießen Sie nach und nach gerade so viel zu, daß Sie einen glatten Teig erhalten, der nicht klebrig ist. Lassen Sie den Teig zugedeckt kurze Zeit kühl ruhen.
☆ Inzwischen muß die Butter einmal kurz durchgeknetet werden, damit sie nicht zu hart und brüchig ist, und zwischen zwei Lagen Klarsichtfolie zu einem Quadrat geformt werden, das etwa doppelt so groß und halb so dick ist wie ein Halbpfundpaket Butter.
☆ Den Teig jetzt auf der leicht bemehlten Fläche zu einem Kreis ausrollen, die Butter in die Mitte legen und von den vier Seiten her den Teig so über die Butter schlagen, daß sie ganz von Teig umhüllt ist. Dieses quadratische Teigpaket 10 Minuten kühlen.
☆ Nun das Quadrat auf der leicht bemehlen Fläche vorsichtig – mehr sachte drückend und klopfend als rollend – zu einem langen Rechteck auswalzen. Von beiden Enden her so über die Mitte klappen, daß der Teig dreifach übereinanderliegt. Diesen Block um 90° drehen und wieder zu einem Rechteck rollen, erneut übereinanderschlagen und zugedeckt 15 Minuten kühlen. Immer in Richtung der übereinanderliegenden Falten rollen, d. h. die Richtung wird jedesmal gewechselt. Dadurch verteilt sich die Butter optimal im Teig und das Gebäck geht beim Backen gleichmäßig auf.
☆ Wieder ein Rechteck ausrollen, dreifach übereinanderklappen, noch einmal quer dazu ausrollen, übereinanderklappen und kühlen. Jetzt haben sie schon 81 Lagen übereinander. Wenn Sie diesen Arbeitsgang wiederholen und noch zweimal übereinanderklappen und ausrollen, haben Sie tatsächlich 729 Butter- und 730 Mehl-Schichten übereinander plaziert. Das dürfte reichen.
☆ Aus diesem feinen Teig können Sie jetzt Schweinsöhrchen, Käsestangen oder den französischen Dreikönigskuchen backen.

Der Teig muß die Butter vollständig, aber locker umhüllen, damit die Butter beim Ausrollen nicht gleich herausquillt.

Behutsam, ohne allzu großen Druck, den Block zu einem langen Rechteck ausrollen

Das Rechteck von den Schmalseiten her so übereinanderklappen, daß ein neues Rechteck aus drei Lagen entsteht. Kühlen.

Dieses Rechteck in Richtung der beiden offenen Kanten hin ausrollen, wieder dreifach übereinanderklappen, kühlen, ausrollen. Noch zweimal wiederholen.

Blätterteig für Schweinsöhrchen

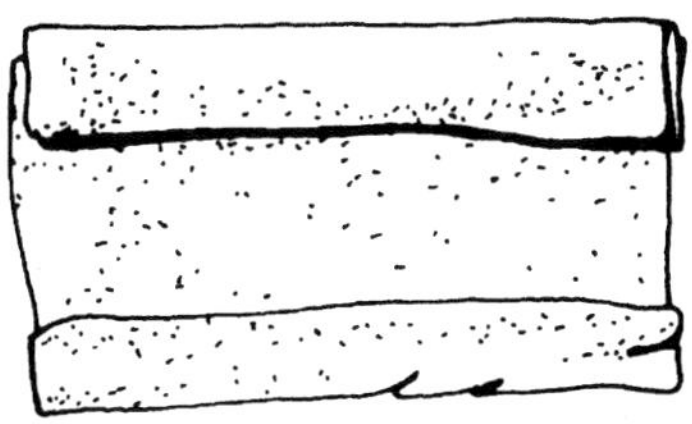

Für Schweinsöhrchen ein Teigrechteck von beiden Längsseiten her zur Mitte hin einrollen.

In der Mitte zusammenklappen und in etwa halbzentimeter dicke Scheiben schneiden.

*** Schweinsöhrchen

(siehe Abb. Seite 149)

Für etwa 30 Stück:

½ Grundrezept Blätterteig, 75 g Zucker

☆ Den Blätterteig zu einem Rechteck ausrollen, mit kaltem Wasser bepinseln und mit dem Zucker bestreuen. Von beiden Längsseiten her zur Mitte einrollen. Diese Doppelrolle gut kühlen und anschließend in dünne Scheiben schneiden.

☆ Inzwischen den Backofen auf 225 ° vorheizen. Die Teigscheibchen auf ein kalt ausgespültes Backblech legen und in 15 bis 20 Minuten goldgelb und knusprig backen (Umluft 200 °).

*** Käsestangen

Bei all den Süßigkeiten zu Weihnachten ist dieses herzhafte Käsegebäck eine angenehme Abwechslung.

Für etwa 30 Stück:

½ Grundrezept Blätterteig, 200 g geriebener Käse,
1 TL edelsüßer Paprika

☆ Den Backofen auf 225 ° vorheizen. Den Teig etwa 2 mm dünn zu einem Rechteck ausrollen. Die Hälfte des Teigs mit Käse und Paprika bestreuen, die andere Hälfte darüberklappen.

☆ Einmal sachte mit der Teigrolle darüberrollen. Den Teig in 1 cm breite Streifen schneiden. Die Streifen um ihre eigene Achse drehen und die Enden leicht zusammendrücken. Auf ein kalt abgespültes Backblech legen und in etwa 12 Minuten goldgelb und knusprig backen.

*** Dreikönigskuchen

In Frankreich gibt es diesen Kuchen traditionell am 6. Januar, dem Heiligendreikönigstag. Wer das Stück mit der weißen Bohne hat, die mitgebacken wird, ist für diesen Tag König und bekommt eine Krone aufgesetzt.

Für 1 Kuchen:

150 g geschälte, fein gemahlene Mandeln, 150 g Zucker,
3 Eier, 150 g weiche Butter,
1 EL Amaretto-Likör oder Rum, 1 Grundrezept Blätterteig

Außerdem:

1 getrocknete weiße Bohne, 2 EL Puderzucker

☆ Die Mandeln mit dem Zucker vermischen, mit dem Handrührer nach und nach die Eier und schließlich die Butter und den Schnaps hineinrühren (oder alles mit dem Mixer aufschlagen). Die Masse soll weiß und schaumig sein.
☆ Den Blätterteig 1 cm dick ausrollen und einen Kreis von etwa 24 cm ∅ ausschneiden. Den restlichen Teig zusammenkneten und zu einem ebenso großen, aber dünneren Kreis ausschneiden.
☆ Backofen auf 225 ° vorheizen. Den dünneren Kreis auf ein kalt gespültes Blech legen, mit der Mandelcreme bestreichen, dabei einen 3 cm breiten Rand frei lassen und mit kaltem Wasser bepinseln. Irgendwo auf der Creme die Bohne plazieren.
☆ Die zweite Teigplatte darüberlegen und den Rand gut festdrücken. Mit einer Gabel ringsum einkerben. Die Oberfläche mit dem Puderzucker bestäuben und den Kuchen in etwa 30 Minuten goldgelb backen.

☞ *Tip:* Der Kuchen schmeckt lauwarm oder abgekühlt, auf jeden Fall sollte er aber am selben Tag verspeist werden.

Engel aus Plunderteig –

nach einem Rezept von Dorothea Kugelmeier

(siehe Foto Seite 153)

<u>Für 2 Engel brauchen Sie:</u>

300 g Blätterteig ($^1/_2$ Grundrezept, siehe Seite 148), notfalls, tiefgekühlt,
500 g Mehl, 20 g Hefe, 2 EL Zucker,
$^1/_8$ bis $^1/_4$ l Milch, 1 Ei, 50 g Butter, 1 Prise Salz,
Mehl zum Ausrollen, Fett für das Backblech, 1 Eigelb und etwas Milch zum Bestreichen,
Puderzucker zum Bestreuen

☆ Hefe mit Milch, Zucker und etwas Mehl glatt rühren. Mit dem übrigen Mehl, Ei, Butter und Salz zu einem glatten Teig kneten.

☆ Eine Kugel formen, zugedeckt in einer Schüssel bei Zimmertemperatur gehen lassen, bis sich das Volumen verdoppelt hat (etwa eine Stunde).

☆ Den Blätterteig auf bemehlter Fläche zu einem Rechteck ausrollen. Hefeteig durchkneten, zu einer doppelt so großen Platte wie der Blätterteig ausrollen, mit Blätterteigscheiben zur Hälfte belegen, freie Hefeteig-Hälfte darüberschlagen. Nach einer Richtung leicht ausrollen, dreimalig zusammenfalten und abgedeckt 10 Minuten kühl stellen, in entgegengesetzter Richtung ausrollen, wieder in drei Falten zusammenlegen und kühl stellen.

☆ Diese Prozedur wird insgesamt dreimal durchgeführt.

☆ Teig zu einer blechgroßen Platte ausrollen und zwei Engel ausschneiden.

☆ *Engel schneiden:* Fertigen Sie eine Schablone an, abweichend von der Umrißzeichnung auf Seite 199 mit ausgestreckten (!) Armen von ungefähr halber Backblechgröße. Die Flügel getrennt aufzeichnen, 2 Wolkenengel und 2 Flügelpaare aus dem Teig schneiden. Eigelb mit Milch verrühren. Backofen auf 200 ° vorheizen. Den Engel mit der Eiermilch bestreichen. Aus Teigresten winzige Röllchen drehen, als Locken ums Engelshaupt legen und als Nase ins Gesicht. Augen und Mund mit Korinthen andeuten. Die Arme nach vorne zur Brust hin biegen. Die Flügel mit Eigelb ankleben. Alles nochmals mit Eiermilch bestreichen.

☆ Auf gefettetem Blech in 20–25 Minuten (Umluft 180 °) goldgelb backen.

☞ *Tip:* Die Engel noch warm mit Puderzucker bestreuen und möglichst frisch essen.

Engel aus Plunderteig (S. 152)

Brandteig

Er ist nicht gerade typisch für die Weihnachtsbäckerei, und auf Plätzchentellern wird man den luftigen Brandteig kaum finden. Trotzdem soll er hier nicht fehlen: nicht nur der Vollständigkeit halber, sondern weil sich aus ihm wunderbares Kleingebäck zaubern läßt, das gerade in der arbeitsreichen Vorweihnachtszeit einen Vorteil hat: Es macht Eindruck, aber viel weniger Mühe, als man vermuten würde.

☆ Wenn er sich auch der automatischen Herstellung mit der Küchenmaschine widersetzt – er muß ja im Topf, auf dem Herd, »gebrannt« werden, so ist er doch nach etwa 15 Minuten Vorbereitung zum Backen bereit. Am besten macht man daraus lauter kleine Kugeln, die dann als Windbeutel mit süßen oder salzigen Cremes gefüllt werden können.

** Brandteig-Grundrezept

Für etwa 30 Windbeutel:

75 g Butter, 1/4 TL Salz (nur für süßes Gebäck noch 1 EL Zucker), 150 g Mehl, je nach Größe 4 bis 5 Eier

Außerdem:

Backfolie oder Fett und Mehl fürs Blech

☆ 1/4 l Wasser mit Butter und Salz (und ggf. Zucker) in einer Kasserolle zum Kochen bringen. Das Mehl auf einmal in das kochende Wasser kippen, gut glatt rühren. So lange weiterrühren, bis sich die Masse zu einem Kloß zusammenballt und vom Topf löst. Diesen Klops von allen Seiten kurz »abbrennen«.

☆ Den Teigkloß in eine Rührschüssel umfüllen, ein Ei zufügen und mit den Knethaken des Handrührers gut verrühren. Erst wenn das erste Ei ganz vom Teig aufgenommen ist, das zweite Ei zufügen und gut verrühren. Dann das dritte und so fort. Sobald der Teig glatt und glänzend ist und in langen Spitzen vom Löffel hängt, ist er fertig. Kein weiteres Ei zufügen. Bei großen Eiern das letzte erst nur zur Hälfte zugeben und abwarten, ob der Teig damit schon perfekt ist, das übrige Ei dann nicht mehr verwenden.

☆ Den Backofen auf 225 ° vorheizen, das Blech mit Backfolie auslegen oder einfetten und zusätzlich leicht mit Mehl bestäuben. Den Teig in einen Spritzbeutel füllen und in kleinen Portionen aufs Blech tupfen oder mit Löffeln kleine Häufchen aufs Blech setzen.

☆ Je nach Größe der Teigstücke beträgt die Backzeit zwischen 15 und 20 Minuten. In den ersten 10 Minuten die Backofentür auf keinen Fall öffnen. Das Gebäck ist fertig, wenn der Teig plustrig aufgegangen und goldgelb ist.

** Süße Weihnachts-Windbeutel

Für etwa 25 Stück:

1 Grundrezept Brandteig, 250 ml Schlagsahne,
2 EL Zucker, 1/2 TL Zimt, 1 Msp Kardamom

Zum Bestäuben:

2 EL Puderzucker

✰ Mit der Spritztülle etwa pflaumengroße Teigrosetten aufs Blech spritzen und wie im Grundrezept beschrieben etwa 20 Minuten backen.
✰ Die Windbeutel noch warm aufschneiden, dann abkühlen lassen. Die Sahne mit Zucker, Zimt und Kardamom steif schlagen und in die abgekühlten Windbeutel füllen. Mit Puderzucker bestäuben.

☞ *Tip:* Sie können die Windbeutel selbstverständlich auch glasieren, z. B. mit Punschglasur (3 EL Puderzucker, 1 TL Rum, 1 TL Zitrone) oder mit geschmolzener Schokoladenkuvertüre.

Ausstechplätzchen aus Mürbteig (S. 30), Terrassenplätzchen (S. 32), Lebkuchenherzen (S. 87), Mini-Törtchen (S. 134), Orangenschnitten (S. 30)

** Pikante Windbeutel

Sie sind die Renner auf einem Silvesterbüffet, auch als Häppchen zum Cocktail oder Aperitif sehr begehrt.

Für etwa 30 Stück:

1 Grundrezept Brandteig, 100 g Räucherlachs,
1/2 Bund Dill, 250 ml Schlagsahne

☆ Mit der Spritztülle oder einfach mit einem Löffel etwa kirschgroße Teigrosetten oder Häufchen aufs Blech setzen. In etwa 10 Minuten goldgelb backen, aufschneiden und abkühlen lassen.
☆ Die Windbeutel können Sie schon einige Stunden vorab backen, die Füllung darf aber erst kurz vor dem Servieren hinein: Den Lachs ganz klein schneiden, Dillspitzen hacken und die Sahne schlagen. Lachs, Dill und Sahne locker miteinander vermischen und in die Windbeutel füllen.

Varianten:

☆ Nach diesem Muster können Sie die Zutaten vielfältig variieren. Alle Arten von **Räucherfisch**, aber auch fein gehackte **Matjes** machen sich gut in der Sahne.
☆ Statt Fisch kann es auch **Schinken** sein, der zusammen mit etwas fein gehackter Petersilie in die Sahne kommt.
☆ Sehr apart schmeckt auch eine Füllung aus zerdrückter **Avocado** und geschlagener Sahne, nur mit Salz und einem Hauch Knoblauch gewürzt.
☆ Oder Sie mischen die Sahne mit Frischkäse und würzen mit Salz, Pfeffer und reichlich gehacktem **Schnittlauch**.

*** Brandteiggebäck für den Weihnachtsteller

Als Brezeln, Kringel oder Sterne macht sich Brandteig auch auf dem Plätzchenteller gut. Allerdings ist dieses Gebäck nicht zum Aufheben gedacht.

Für etwa 25 Stück:

1 Grundrezept Brandteig, 2 EL Mandelblättchen, 2 EL Hagelzucker,
3 EL Puderzucker, 1 TL Zitronensaft

☆ Den Brandteig mit der Spritztülle auf dem Blech zu je $^1/_3$ zu Brezeln und Kringeln formen und zu kleinen Sternen tupfen. Einen Teil mit Hagelzucker, einen weiteren Teil mit Mandelblättchen bestreuen und einen Teil frei lassen.

☆ Etwa 12 Minuten backen. Den Puderzucker mit dem Zitronensaft verrühren. Die nicht dekorierten Gebäckstücke mit der Zuckerglasur bestreichen.

** Mutzen

heißen winzige Halbkugeln aus Brandteig, die süß oder salzig gegessen werden.

Für etwa 30 Stück:

1 Grundrezept Brandteig

Für süße Mutzen:

Zimtzucker zum Wälzen

Für salzige Mutzen:

Salz, vermischt mit etwas Pfeffer
und Paprikapuder zum Wälzen

✰ Mit zwei Teelöffeln kleine Teigportionen abnehmen und aufs vorbereitete Blech streifen. Etwa 10 Minuten backen, anschließend sofort in Salz oder Zucker wälzen.

Weihnachtliche Kuchen und Torten

Auch wenn Advent und Weihnachten die Zeit für Plätzchen, Lebkuchen und Stollen ist, gibt es Gelegenheiten, zu denen es ein richtiges Paradestück von Torte sein darf: als Dessert zu einem festlichen Menü etwa oder bei einem Advents-Kaffeeklatsch.

** Schokostern

☆ Der dekorative Stern aus dunklem Rührteig mit Zimt und Mandeln schmeckt himmlisch. Und das Beste: Er macht wenig Arbeit.

Für eine Sternform von 1 Liter Inhalt:

100 g Zartbitterschokolade, 125 g weiche Butter, 125 g Zucker,
4 Eier, 100 g gemahlene Mandeln, 125 g Mehl,
1 TL Backpulver, 1 TL Zimt

Außerdem:

Butter und Zucker für die Form, Puderzucker zum Bestäuben

☆ Die Form dick mit Butter einfetten und mit Zucker ausstreuen, überschüssigen Zucker ausschütten. Den Backofen auf 180 ° vorheizen.
☆ Die Schokolade im Blitzhacker zerkleinern. Butter und Zucker gut miteinander verrühren. Die Eier einzeln darunterrühren, Schokolade und Mandeln einrühren. Zuletzt Mehl, Backpulver und Zimt vermischen und der Masse einverleiben.
☆ Den Teig in die Form füllen und etwa 1 Stunde backen (Umluft 160 °).
☆ Nach etwa 50 Minuten Backzeit unbedingt mit einem Holzstäbchen die Garprobe vornehmen.
☆ Den Kuchen zum Auskühlen auf ein Kuchengitter stürzen. Erst wenn er abgekühlt ist, mit dem Puderzucker bestäuben.

*** Bûche de Noël

Das »Weihnachts-Scheit«, eine Biskuit-Roulade mit reichlich Buttercreme, ist die obligatorische Süßspeise bei einem französischen Weihnachtsfest. Sie schmeckt auch diesseits des Rheins ganz köstlich.

<u>Für den Biskuitteig:</u>

8 Eigelb, 100 g Zucker, 5 Eiweiß,
1 Prise Salz, 125 g Mehl

<u>Für die Mokkacreme:</u>

3 TL Instant-Kaffeepulver, 2 TL Rum, 5 Eiweiß,
200 g Puderzucker,
1 TL Zitronensaft, 250 g weiche Butter

<u>Zum Dekorieren:</u>

Schokoladenblätter oder aus ausgerollter Marzipan-Rohmasse
ausgestochene Sterne

<u>Außerdem:</u>

Zucker für das Tuch

✰ Den Backofen auf 225 ° vorheizen. Ein Blech mit Backpapier oder Dauerbackfolie auslegen. Eigelb mit dem Zucker sehr schaumig rühren, das Mehl darüber sieben und unterrühren. Eiweiß mit Salz zu festem Schnee schlagen und mit der anderen Masse luftig vermischen.

✰ Die Biskuitmasse auf das Blech streichen und in etwa 10 Minuten goldgelb backen (Umluft 200 °). Ein Küchentuch mit Zucker bestreuen und den Biskuit darauf stürzen, das Backpapier abziehen. Den Biskuit mit dem Tuch aufrollen, damit sich der Teig schon richtig formt und nicht bricht, wenn er abgekühlt mit der Creme aufgerollt wird.

✰ Für die Creme das Kaffeepulver im Rum auflösen und bereitstellen. Das Eiweiß mit dem Zucker und dem Zitronensaft zu sehr festem Schnee schlagen. Die Butter schaumig rühren und nach und nach unter den Eischnee heben. Zuletzt die Kaffee-Rum-Mischung darunterziehen.

☆ Den Biskuit, der inzwischen abgekühlt ist, wieder flachlegen und mit zwei Dritteln der Buttercreme bestreichen. Mit Hilfe des Tuchs erneut aufrollen. (Wenn Sie jetzt denken, es wäre doch praktischer, die Creme schon parat zu haben und gleich auf den Biskuit zu streichen, bevor er zum ersten Mal aufgerollt wird: tun Sie's nicht – auf dem heißen Biskuit würde die Creme schlappmachen.)

☆ Den Rest der Creme ringsum auf die Roulade streichen und mit einer Gabel Längsrillen ziehen. Mit Blättern oder Sternen dekorieren.

☆ Wenn Sie das Holzscheit besonders kunstvoll gestalten möchten, schneiden sie vom Rand der fertig gebackenen Biskuitplatte einen kleinen Streifen ab, rollen ihn auf, setzen ihn als Ast-Ansatz auf das mit Creme bestrichene Scheit und überziehen ihn ebenfalls mit etwas Buttercreme.

*** Engadiner Nußtorte

Kalorien ohne Ende – aber ein Geschmack, als wären Engel am Werk gewesen: Die Mürbteigtorte mit ihrer Füllung aus Walnüssen, Honig und Sahne gehört zu den genialsten Erfindungen der Zuckerbäckerei. Am besten schmeckt sie natürlich zur Weihnachtszeit mit den Nüssen der neuen Ernte.

<u>Für einen Kuchen von etwa 26 cm ∅ oder zwei Kuchen von etwa 16 cm ∅:</u>

Stilecht ist eine runde Form mit nach oben hin breiter werdendem, glattem Rand.
Der Kuchen gelingt aber auch in einer Spring- oder einer Pieform.

<u>Für den Mürbteig:</u>

300 g Mehl, 125 g Puderzucker, 1 Prise Salz,
150 g kalte Butter, 1 Ei

<u>Für die Füllung:</u>

200 g Zucker, 2 EL Zitronensaft;
150 ml Schlagsahne,
25 g Butter, 100 g Honig, 200 g Zucker,
300 g frisch ausgelöste Walnußkerne der neuesten Ernte

<u>Außerdem:</u>

1 Ei zum Bestreichen

☆ Mehl, Zucker und Salz mischen und auf die Arbeitsfläche häufen. In die Mitte eine Vertiefung drücken. Die Butter in Stückchen schneiden und auf dem Mehlrand verteilen, das Ei aufschlagen und in die Vertiefung gleiten lassen. Alle Zutaten mit einem breiten Messer rasch durchhacken, anschließend mit den Händen zu einem glatten Teig verkneten. Den Teig abgedeckt im Kühlschrank ruhen lassen, bis die Füllung zubereitet ist.

☆ Die Walnüsse grob hacken. 200 g Zucker mit dem Zitronensaft in einer kleinen Kasserolle verrühren und zu hellgelbem Karamel schmelzen.

☆ In einem zweiten Topf Sahne, Butter, Honig und Zucker verrühren, einmal aufkochen und in den Karamel gießen. Noch einmal aufkochen, die gehackten Nüsse hineinschütten und gut verrühren. Abkühlen lassen.

☆ Den Teig etwa 3 mm dünn ausrollen. Einen Kreis auschneiden, der so groß ist, daß die Form ausgelegt und ein hoher Rand gezogen werden kann.

☆ Die Form auslegen (sie muß nicht gefettet werden) und die abgekühlte Füllung darauf verteilen. Den Teig nach innen über die Füllung klappen, es sollte ein 1 bis 2 cm breiter Rand über die Füllung reichen.

☆ Den Backofen auf 200 ° vorheizen. Das Ei trennen und mit dem Eiweiß den Teigrand bestreichen. Den restlichen Teig zu einem Deckel ausrollen und auflegen. Den Rand vorsichtig andrücken.

☆ Den Deckel mit dem Eigelb bestreichen und mit einer Gabel ein kreuzförmiges oder sonstiges Muster einstechen.

☆ Die Nußtorte etwa 35 bis 40 Minuten backen (Umluft 180 °).

☞ *Aufbewahrung und Haltbarkeit:* Vollständig ausgekühlt in Cellophan oder Dose gepackt und kühl und trocken aufbewahrt, hält die Nußtorte ohne Qualitätsverlust bis zu 4 Wochen.

** Panettone

Auch wenn in Italien kein Mensch auf die Idee käme, den Weihnachtskuchen selbst zu backen – wozu gibt es schließlich Konditoreien ? – möchte ich Ihnen das Rezept dafür nicht vorenthalten. Man braucht zum Backen eigentlich eine spezielle Panettone-Form. Als Ersatz kann eventuell ein Topf dienen, der eher hoch als breit ist – und der natürlich keine Kunststoffgriffe haben darf.

Für 1 Kuchen:

100 g weiche Butter, 2 Eigelb und 1 ganzes Ei, 300 g Mehl,
1 Päckchen Backpulver, 1 Prise Salz,
100 g Zucker, 200 ml Milch, 25 g Zitronat, 80 g Rosinen

Außerdem:

Butter, Mehl und Puderzucker für die Form

☆ Die Butter schaumig rühren, nach und nach die Eigelbe und das ganze Ei unterrühren. Das Mehl mit Backpulver, Salz und Zucker vermischen und dazugeben. Die Milch in kleinen Portionen zugießen und alles kräftig verrühren. Der fertige Teig soll weich, aber nicht flüssig sein – die Milch muß nicht ganz verbraucht werden. Erst wenn der Teig sehr gut durchgearbeitet ist, die Rosinen und das sehr fein gehackte Zitronat zugeben.

☆ Den Backofen auf 190 ° vorheizen. Die Form dick mit Butter einfetten. Je 1 gehäuften Eßlöffel Mehl und Puderzucker miteinander vermischen und damit die gefettete Form ausstreuen. Den Teig einfüllen, er soll die Form etwa zur Hälfte ausfüllen. Backzeit etwa 1 Stunde (Umluft 170 °). Der Panettone ist fertig, wenn er schön goldgelb gebacken ist und oben Risse zeigt. Aber machen Sie lieber trotzdem noch die Garprobe mit dem Holzstäbchen.

☞ *Aufbewahrung und Haltbarkeit:* Auch wenn der gekaufte Panettone im Vakuum-Pack fast ein Dauergebäck ist – dieser hier sollte frisch verzehrt werden.

Ingwerbrezeln (S. 38), Marschallschnitten (S. 46), ausgestochenes Mürbteiggebäck (S. 30), Haferflocken-Cookies (S. 137)

Weihnachtsgebäck für Diabetiker

☆ Ein paar Kleinigkeiten sind zu beachten, wenn Sie Plätzchen für Diabetiker herstellen:

☆ Die übliche Methode, großzügig Mehl zu verstreuen, damit sich der Teig ausrollen läßt, kommt hier nicht in Frage, da durch das zusätzliche Mehl die Kohlehydrat-Bilanz aus den Fugen geraten würde. Statt dessen: Teig zwischen zwei Bögen Pergament, Frischhaltefolie oder Dauerbackfolie ausrollen, dann stimmt Ihre Berechnung.

☆ Gebäck, das Fruchtzucker enthält, wird leichter weich als anderes. Beachten Sie: Das Gebäck vollständig auskühlen lassen, bevor Sie es in Dosen füllen, damit sich keine Kondensfeuchtigkeit bilden kann. Mit Pergament die einzelnen Lagen voneinander trennen.

☆ Da Vollkornmehl bei Diabetes generell günstiger ist, weil die Kohlehydrate langsamer resorbiert werden, ist für die folgenden Plätzchen, Lebkuchen und Stollen Vollkornmehl vorgegeben. Sie können Weizen oder Dinkel gegeneinander austauschen, beides soll so fein gemahlen werden wie nur möglich, sonst wird der Teig zu brüchig, und die Plätzchen mißraten.

☆ Weihnachtsgebäck ist generell nicht nur süß, sondern auch fettreich. Wo es nicht die Butter ist, sind es Nüsse und Mandeln, die für einen hohen Fettgehalt sorgen. Vergleichsweise wenig Fett enthält einfaches Hefegebäck (siehe Nikolaus, Seite 169) und backpulvergestützter Rührteig (Haferflockenplätzchen, siehe Seite 171). Fettfrei – aber um so zuckerhaltiger – ist Baisermasse (Kaffee- und Zimtschäumchen, siehe Seite 172).

** Nikoläuse aus Hefeteig

Für 8 Stück:

10 g Hefe, 25 g Fruchtzucker,
1/2 TL abgeriebene Zitronenschale, 160 g sehr fein gemahlener Dinkel,
1 Prise Salz, 25 g weiche Butter

Zum Verzieren:

8 Rosinen, 10 geschälte Mandeln

Zum Bestreichen:

1/2 Eigelb

☆ 90 ml lauwarmes Wasser mit Hefe, Fruchtzucker und Zitronenschale verrühren. Das Mehl mit dem Salz vermischen und zusammen mit der Butter und dem Hefebrei zu einem glatten Teig verkneten. Zugedeckt bei Zimmertemperatur 1/2 Stunde gehen lassen.

☆ Inzwischen das Backblech mit geöltem Pergament oder Dauerbackfolie auslegen und die Mandeln hacken.

☆ Den Teig in 8 gleiche Portionen teilen, diese auf dem Blech zum Umriß eines Nikolausprofils formen (Vorlagen siehe Seite 195 ff.). Jeweils eine Rosine als Auge auflegen und mit den gehackten Mandeln einen Rauschebart andeuten. Noch einmal 10 Minuten gehen lassen. Den Backofen auf 225 ° vorheizen.

☆ Das Eigelb mit 1 TL Wasser verquirlen und die Nikoläuse damit bestreichen. Etwa 12 Minuten backen (Umluft 200 °).

☞ *1 Nikolaus enthält:*
1,25 BE; 2,5 Eiweiß; 3,5 g Fett; 15 g KH; 100 Kcal/420 KJ
Haltbarkeit: Bis zu 2 Wochen.

** Feine Mandellebkuchen

Anstelle von Mandeln können Sie die gleiche Menge Haselnüsse nehmen.

<u>Für 14 Stück:</u>

150 g gemahlene Mandeln, 1 unbehandelte Zitrone,
110 g sehr fein gemahlener Weizen, 1 TL Zimt, 1/4 TL gemahlene Nelken,
1/2 TL Anispuder, 2 Eier, 90 g Fruchtzucker, 2 EL Sahne,
14 Vollkornoblaten von 7 cm ∅

<u>Zum Dekorieren:</u>

14 geschälte Mandelhälften

☆ Die Mandeln in einer Pfanne ohne Fett leicht anrösten, bis sie merklich duften. Abkühlen lassen. Inzwischen die Zitrone waschen, abtrocknen und die Schale abreiben.

☆ Mandeln, Mehl, Gewürze und Zitronenschale mischen. Die Eier und den Zucker mit dem Handrührer sehr schaumig aufschlagen, die Sahne zufügen. Von der Zitrone 1 TL Saft auspressen und in die Masse gießen. Mandel- und Eimasse locker miteinander vermischen. Den Teig über Nacht zugedeckt bei Zimmertemperatur stehen lassen.

☆ Backofen auf 180 ° vorheizen. Die Lebkuchenmasse auf die 14 Oblaten verteilen und glatt streichen, jeden Lebkuchen mit einer Mandelhälfte belegen. Etwa 18 bis 20 Minuten backen, die Lebkuchen sollen innen nicht ganz durchgebacken, sondern noch etwas weich sein.

☞ *1 Lebkuchen enthält:*
1 BE; 4 g Eiweiß; 8 g Fett; 12 g KH; 135 Kcal/560 KJ
Aufbewahrung und Haltbarkeit: Die völlig ausgekühlten Lebkuchen in Dosen aufbewahren. Dort halten sie bis zu 4 Wochen.

** Haferflockenplätzchen

Ingwer verleiht diesen Plätzchen eine exotische Schärfe. Wenn Sie Ingwer nicht mögen, können Sie ihn natürlich auch weglassen.

Für 20 Stück:

65 g Butter, 60 g Fruchtzucker, 1 Prise Salz,
20 g sehr fein gemahlener Dinkel oder Weizen,
*1/4 TL Backpulver, 80 g Haferflocken, 1 EL frisch geriebener Ingwer**

Außerdem:

Fett fürs Blech

☆ In einem Topf bei schwacher Hitze Butter, Zucker und Salz schmelzen. Abkühlen lassen.
☆ Mehl und Backpulver mischen und zusammen mit den Haferflocken und dem Ingwer in die Butter-Mischung einrühren.
☆ Den Backofen auf 180 ° vorheizen, ein Backblech einfetten. Den Teig auf dem Backblech etwa 1/2 cm dick zu einem Rechteck ausrollen und in etwa 15 Minuten goldgelb backen. Nach dem Backen in 20 gleich große Stücke zerschneiden, auskühlen lassen und in eine Dose füllen.

☞ *1 Haferflockenplätzchen enthält:*
0,5 BE; 0,5 g Eiweiß; 3 g Fett; 6 g KH; 55 Kcal/225 KJ
Haltbarkeit: Etwa 3 Wochen

* Statt Ingwer können Sie 1/2 TL Lebkuchengewürz nehmen, das mit 1 EL Zitronensaft vermischt in den Teig kommt.

* Kaffee- und Zimtschäumchen

Für 20 Stück:

2 kalte Eiweiß, 120 g Fruchtzucker, einige Tropfen Zitronensaft,
$^1/_2$ TL Instant-Kaffee oder Zimt

☆ Das Eiweiß mit dem Handrührer zu Schnee schlagen, dabei nach und nach den Zucker einrieseln lassen und den Zitronensaft zugeben. Mit Kaffee oder Zimt verrühren. Den Backofen auf 100 ° vorheizen.

☆ Den Schnee in 20 Häufchen aufs Blech setzen und in den Backofen schieben. Etwa 1 Stunde im lauwarmen Backofen trocknen lassen.

☞ *1 Baiser enthält:*
0,5 BE; 0,5 g Eiweiß; kein Fett; 6 g KH; 25 Kcal/105 KJ
Haltbarkeit: Am besten frisch vernaschen – mit Hilfe von Gästen.

* Butterplätzchen

Für etwa 30 Stück:

120 g sehr fein gemahlener Dinkel, 40 g Fruchtzucker, Mark von 1/2 Vanilleschote,
60 g kalte Butter, 1 Eigelb

Zum Bestreichen:

1/2 Eigelb

☆ Das Mehl mit dem Zucker und der Vanille mischen und auf die Arbeitsfläche häufen. In die Mitte eine Mulde drücken. Die Butter klein schneiden und auf dem Rand verteilen. 1 EL kaltes Wasser zufügen und alles rasch zu einem glatten Teig verkneten. 30 Minuten kühl ruhen lassen.
☆ Den Backofen auf 190 ° vorheizen. Den Teig zwischen 2 Bögen Pergament oder Klarsichtfolie 2 bis 3 mm dünn ausrollen. Mit Förmchen Plätzchen ausstechen und auf das ungefettete Backblech legen. Das Eigelb mit wenigen Tropfen Wasser verquirlen und die Plätzchen damit bestreichen. In etwa 10 Minuten goldgelb backen.
☆ Teigreste kurz zusammenkneten, wieder ausrollen und ausstechen, bis der Teig aufgebraucht ist.

☞ *Bei 30 Plätzchen enthält 1 Stück:*
0,4 BE; 0,5 g Eiweiß; 2 g Fett; 3 g KH; 30 Kcal/125 KJ
Haltbarkeit: In der Dose gut 3 Wochen.

** Dinkelstollen mit Aprikosen

Für einen Stollen von 1 kg:

50 g getrocknete Aprikosen, 1 EL Rum oder Marillengeist,
160 g Butter, 70 g Fruchtzucker, 2 kleine Eier, 200 g Quark, 65 g gemahlene Mandeln,
1 EL geriebene Zitronenschale, 1/2 TL Zimt, Mark von 1/2 Vanilleschote,
1/4 TL Kardamom, 400 g sehr fein gemahlener Dinkel,
1 gestrichener EL Backpulver

Außerdem:

30 g flüssige Butter, 30 g geschälte, gemahlene Mandeln

☆ Die Aprikosen waschen, sehr fein schneiden und mit dem Schnaps übergießen. Butter, Zucker und Eier mit dem Handrührer sehr schaumig rühren. Quark, Mandeln, Zitronenschale und Gewürze zugeben und verrühren.

☆ Das Mehl mit dem Backpulver vermischen und zusammen mit den Aprikosen in den Teig einarbeiten. Den Teig 1 Stunde kühl ruhen lassen.

☆ Den Backofen auf 200 ° vorheizen. Das Backblech mit geöltem Pergament oder Dauerbackfolie auslegen. Den Teig auf dem Backblech zu einem länglichen Fladen formen und der Länge nach übereinander klappen.

☆ Den Stollen in den heißen Backofen schieben, die Temperatur auf 175 ° zurückschalten (Umluft 160 °). Backzeit: etwa 1 Stunde 10 Minuten. Wenn der Stollen vorzeitig braun wird, mit Pergament abdecken.

☆ Den heißen Stollen sofort mit der Butter bepinseln und mit dem Mandelmehl bestreuen.

☞ *Eine Scheibe von ca. 30 g entspricht 1 BE. Der ganze Stollen enthält:*
30 BE; 106 g Eiweiß; 230 g Fett; 360 g KH; 3 995 Kcal/17 800 KJ
Haltbarkeit: Gut gelagert – an kühlem Ort in einer Dose – ist der Stollen etwa 3 Wochen haltbar.

* Weihnachtspralinen

Für 25 Stück:

100 g Diabetikerschokolade Zartbitter, 4 EL Sahne, 25 g Butter,
$\frac{1}{2}$ TL Zimt, 1 Msp gemahlene Nelken

Zum Bestreuen:

10 g gemahlene Pistazien

Außerdem:

25 Pralinenförmchen

✰ Die Schokolade in Stückchen brechen und mit Sahne und Butter bei schwacher Hitze schmelzen. Zimt und Nelken zugeben, alles gut verrühren. Abkühlen lassen. Wenn die Masse fest wird, noch einmal gut durchschlagen und in einen Spritzbeutel mit Sterntülle füllen.
✰ In jedes Förmchen ein gut kirschgroßes Häufchen spritzen und jedes mit etwas Pistazienmehl bestreuen.
✰ Die Pralinen an einem kühlen Ort fest werden lassen. Kühl (aber nicht im Kühlschrank) aufbewahren.

☞ *Alle Pralinen zusammen enthalten 2 BE. 1 Praline enthält:*
0,08 BE ; 0,5 g Eiweiß; 4 g Fett; 2 g KH; 33 Kcal/140 KJ
Haltbarkeit: Die Weihnachtspralinen innerhalb von 14 Tagen verbrauchen.

Ohne Backofen – Konfekt und Pralinen

☆ Die Steigerung von Plätzchen sind Pralinen: Was bei Plätzchen und anderem süßen Gebäck der Verfeinerung und Verzierung dient, nämlich Butter, Sahne, Schokolade, Nougat, Marzipan, kandierte Früchte und Liköre, ist bei den Pralinen Hauptzutat – sie bestehen aus nichts anderem.
☆ Selbst gemachte Pralinen sind den meisten gekauften Sorten haushoch überlegen, allein wegen der frischen Zutaten. Alle Pralinen, die mit Butter oder gar frischer Sahne gemacht sind, haben allerdings eine entsprechend rasche Verfallszeit: Recht viel älter als eine Woche sollten sie nicht werden.
☆ Auch aus Zutaten der Vollwertküche, wie Honig, Nüssen und getrockneten Früchten, lassen sich wunderbare Schleckereien herstellen.
☆ Übrigens: Auch wenn Pralinen sozusagen den Genuß-Gipfel darstellen – schwierig muß ihre Herstellung keineswegs sein. Natürlich gibt es Sorten, die diffiziles Kunsthandwerk verlangen, aber andere, nicht minder lecker, sind ganz einfach und schnell gemacht.

** Marzipan-Pralinen

Diese Pralinen gehören sozusagen zur Grundausstattung jeder Pralinenmischung. Sie machen zwar ein bißchen Arbeit, sind aber, wenngleich sehr fein, nicht wirklich schwierig herzustellen.

Für etwa 60 Stück:

200 g Marzipanrohmasse, 1 TL Rosenwasser (aus der Apotheke),
300 g dunkle Kuvertüre, 50 g geschälte Mandeln

Außerdem:

Puderzucker zum Ausrollen, Pralinenförmchen

☆ Die Marzipanrohmasse mit dem Rosenwasser verkneten und auf der mit Puderzucker bestreuten Arbeitsfläche etwa 1cm dick ausrollen. (Wenn das Marzipan sehr weich ist, kühlen). Die Marzipanplatte in Stückchen von etwa 2 x 2 cm schneiden.
☆ Die Kuvertüre schmelzen, wieder abkühlen und erstarren lassen. Noch einmal schmelzen und die Marzipanwürfel einzeln mit einer Pralinengabel (eventuell auch mit einer gewöhnlichen Gabel) ganz in die Kuvertüre tauchen und auf ein Gitter (notfalls auf ein Stück Pergament) setzen und abkühlen lassen.
☆ In jede Praline, solange die Schokolade noch nicht ganz fest ist, eine Mandelhälfte oder eine ganze Mandel drücken. Die fertigen Pralinen in Papierförmchen setzen.
☆ *Variante:* Eine mit dem Marzipan verknetete Prise Zimt verleiht diesen klassischen Pralinen eine weihnachtliche Note.

☞ *Haltbarkeit:* Da weder Butter noch Sahne zu den Zutaten gehören, halten die Marzipan-Pralinen sehr gut. 2 Monate sind überhaupt kein Problem.

* Pistazien-Schnecken

Sehr dekorativ und dabei ganz leicht gemacht, sind diese gerollten Pralinen. Fertig gekaufte Marzipanrohmasse, mit roter Marmelade aufgerollt, in Scheibchen geschnitten und mit Pistazien bestreut, ergeben eine originelle Süßigkeit.

Für etwa 30 Stück:

75 g Pistazien, 200 g Marzipanrohmasse, 50 g Puderzucker,
150 g Johannisbeergelee

Außerdem:

Puderzucker zum Ausrollen, Pralinenförmchen

☆ Die Pistazien in der Moulinette zerkleinern. Die Marzipanrohmasse mit dem Puderzucker und den Pistazien verkneten und 20 Minuten kühlen.
☆ Die Arbeitsfläche mit Puderzucker bestäuben und das Marzipan darauf etwa 2 mm dünn ausrollen. In etwa 15 cm breite Streifen schneiden. Mit dem Johannisbeergelee bestreichen und die einzelnen Streifen von der Längsseite her aufrollen. Die Rollen so lange kühlen, bis sie sehr fest sind.
☆ Die harten Rollen in etwa 1 cm dicke Scheiben schneiden und in Pralinenförmchen setzen. In Dosen füllen und kühl lagern.

☞ *Haltbarkeit:* 2 bis 3 Wochen

** Zimt-Trüffel

Trüffelmasse ist gar nicht schwer herzustellen, sie wird einfach aus Schokolade und Sahne gekocht. Meist dient sie als Träger von allerlei alkoholischen Aromen. Hier wird sie, damit sie weihnachtlich duftet, mit Zimt parfümiert.

Für etwa 40 Stück:

200 g Vollmilchkuvertüre, 200 g Zartbitterkuvertüre, 200 ml Sahne,
2 cl Rum, 1 EL Zimt, 100 g Butter

Zum Wälzen:

100 g dunkles Kakaopulver, 1 EL Puderzucker, 1 EL Zimt

Außerdem:

Papierförmchen

✰ Die beiden Kuvertüren bei schwacher Hitze schmelzen. Die Sahne langsam zugießen und gut mit der Schokolade verrühren. Rum, Zimt und Butter zugeben, die Masse sehr gut verrühren.
✰ Eine flache rechteckige Form mit Klarsichtfolie auslegen und die Masse einfüllen. Über Nacht kalt stellen.
✰ Kakaopulver, Puderzucker und Zimt in einer Schüssel verrühren. Die Trüffelmasse auf eine Platte stürzen und die Folie abziehen. Masse in kleine Stückchen schneiden und mit kühlen Händen Kugeln formen (zwischendurch die Hände immer wieder kalt spülen). Die Kügelchen sofort im Kakaopulver wenden und in Papierförmchen packen.

☞ *Haltbarkeit:* Nicht länger als 10 Tage.

* Schokoladenwurst

Keine Sorge, es bleibt süß und vegetarisch. Ohne große Mühe und ohne Backofen entsteht aus Mandeln, Zucker, Schokolade und Ei eine Rolle, die zwei Wochen durchtrocknet und dann in feine Scheiben geschnitten wird. Die lange Wartzeit wird mit köstlichem Geschmack belohnt. Da das Ei nicht erhitzt wird, sollte es ganz frisch sein und vom einem glücklichen Bio-Huhn stammen.

<u>Für etwa 50 Scheiben:</u>

200 g geriebene Mandeln, 200 g geriebene dunkle Schokolade,
120 g Puderzucker, 40 g gehacktes Zitronat,
40 g gehackte Mandeln, 1 Ei

✰ Alle Zutaten miteinander vermischen und zu Rollen von etwa 4 cm ∅ formen. Zwei Wochen lang sollen diese Schokoladenwürste nun an einem kühlen Ort trocknen – erfahrungsgemäß werden sie in der Zeit allerdings immer kürzer.

☞ *Haltbarkeit:* Was nach 2 Wochen noch übrig ist, schneiden Sie in dünne Scheibchen, die Sie zwischen Lagen von Pergament in Dosen aufbewahren, wo sie sich weitere 2 Wochen halten.

* Feigentaler

Ein »Früchtebrot« der besonderen Art: Feigen, Walnüsse und Zucker, gut vermengt und langsam getrocknet, verbinden sich zu einer köstlichen Leckerei, die auch jenen schmeckt, die es nicht so süß mögen.

Für etwa 30 Stück:

140 g Feigen, 140 g geriebene Walnüsse, 80 g Puderzucker,
1 Eigelb, 1 Msp Zimt

☆ Die Feigen im Mixer oder in der Moulinette zerhacken. Alle Zutaten gut miteinander vermischen und verkneten. Auf Puderzucker zu einer Rolle formen.

☆ Diese Rolle an einem kühlen Platz 1 bis 2 Wochen trocknen lassen. Anschließend in dünne Scheiben schneiden und zwischen Pergamentpapierlagen in einer Dose aufbewahren.

☞ *Haltbarkeit:* 2 bis 3 Wochen.

* Vanille-Nuß-Stangerl

Für etwa 50 Stück:

2 Eiweiß, 280 g Puderzucker, 320 g geriebene Walnüsse,
große eckige Oblaten, 120 g Puderzucker,
2 Eigelb, 1 Vanilleschote

✰ Eiweiß und 280 g Zucker gut miteinander verrühren, die Nüsse zufügen und zu einer homogenen Masse verkneten.

✰ Die Oblaten spalten und die Masse auf die rauhe Seite streichen. Jeweils mit der anderen Hälfte der Oblate bedecken. Mit einer Teigrolle die Doppeldecker glatt walzen.

✰ Die Eigelbe mit 120 g Puderzucker verrühren. Die Vanilleschote aufschlitzen und mit dem Messerrücken das Mark herauskratzen. Mit der Zucker-Ei-Mischung verrühren.

✰ Die obere Oblatenlage vorsichtig abnehmen – sie diente nur dazu, die Masse glattzustreichen. Die Vanille-Zucker-Creme darauf streichen und das Ganze 1 bis 2 Wochen an einem kühlen Ort trocknen lassen.

✰ In schmale Stangen schneiden.

☞ *Haltbarkeit:* In Dosen aufbewahrt 2 bis 3 Wochen.

* Schoko-Nuß-Kugeln

Walnüsse und Schokolade sind die bestimmenden Zutaten für die leckeren schwarzen Kügelchen.

Für etwa 45 Stück:

2 Eier, 250 g Puderzucker, 280 g geriebene Walnüsse,
140 g geriebene dunkle Schokolade

Außerdem:

100 g Schokoladenraspel zum Wälzen, Pralinenförmchen

☆ Alle Zutaten sehr gut miteinander vermengen. Mit feuchten Händen Kügelchen formen und in Schokoladenraspeln wälzen. In Pralinenförmchen setzen und in Dosen oder Cellophan-Tüten füllen.

☞ *Haltbarkeit:* Etwa 3 Wochen.

* Gefüllte Datteln

Süß und lecker, dabei vollwertig und überdies ganz schnell gemacht sind die Datteln mit selbst gemachtem Honigmarzipan. Wenn es noch schneller gehen soll, können Sie auch fertiges Honigmarzipan aus dem Naturkostladen verwenden.

<u>Für etwa 15 Stück:</u>

100 g geschälte Mandeln, 50 g heller Honig, 1 TL Rosenwasser,
100 g getrocknete Datteln

<u>Außerdem:</u>

Papierförmchen

✰ Die Mandeln im Blitzhacker ganz fein mahlen und mit Honig und Rosenwasser gut verkneten. Die Datteln der Länge nach aufschneiden, den Kern entfernen und die Datteln mit dem Marzipan füllen.

✰ Gefüllte Datteln in Papierförmchen setzen.

☞ *Haltbarkeit:* Werden vom langen Herumliegen nicht besser, also lieber innerhalb von 2 bis 3 Wochen verspeisen.

** Aprikosentaler

Mit Honigmarzipan und ungeschwefelten Aprikosen hergestellt, gehören die Aprikosentaler in den Bereich der Vollwert-Süßigkeiten.

<u>Für etwa 25 Stück:</u>

100 g getrocknete Aprikosen, 100 g Marzipanrohmasse oder Honigmarzipan,
1 EL Marillengeist, 100 g gemahlene Mandeln

☆ Die Aprikosen in der Moulinette pürieren, mit dem Marzipan und dem Schnaps gut verkneten und zu einer Rolle von etwa 3 cm ∅ formen. Die Rolle im Mandelmehl wälzen und kühl stellen.
☆ Die feste Rolle in etwa 1 cm dicke Scheiben schneiden und in Papierförmchen setzen.

☞ *Haltbarkeit:* etwa 4 Wochen

** Marzipan-Konfekt

Zwei dünne Schichten Marzipan, dazwischen eine dicke Füllung aus Schokolade, Butter und Mandeln, mit Orangenlikör parfümiert, das Ganze dick mit gehackten Pistazien bestreut – eine köstliche Leckerei!

<u>Für etwa 80 Stück:</u>

400 g Rohmarzipan, 150 g Puderzucker, 200 g dunkle Kuvertüre,
100 g geschälte, gemahlene Mandeln, 125 g Butter,
100 g Puderzucker, 2 EL Grand Marnier, 25 g gehackte Pistazien

✰ Das Rohmarzipan mit dem Puderzucker verkneten. In zwei gleiche Hälften teilen. Eine Hälfte auf Klarsichtfolie ausrollen.
✰ Die Kuvertüre bei niedriger Temperatur schmelzen und mit den gemahlenen Mandeln, der Butter und dem Puderzucker vermischen, mit Grand Marnier parfümieren. Die Masse glatt auf die Marzipanplatte streichen. Das übrige Marzipan ausrollen wie zuvor und auf die Schokoladenmasse legen. Die gehackten Pistazien auf das Marzipan streuen und leicht festdrücken (einmal mit dem Teigroller leicht darübergehen).
✰ Gut kühlen, in etwa 2 x 2 cm große Stückchen schneiden, in Pralinenförmchen aus Papier setzen.

☞ *Haltbarkeit:* In Dosen gepackt und kühl gelagert 3 Wochen.

*** Königsberger Marzipan

Wird traditionell zu Weihnachten in größeren Mengen verspeist. Für die meist zu Herzen geformten Süßigkeiten wird die Marzipanmasse zunächst bei schwacher Hitze geröstet, dann geformt und zuletzt im Backofen, am besten unter dem Grill, bei starker Hitze kurz überbräunt, was dem Marzipan das charakteristische Aussehen gibt.

Für 40 Herzen oder 80 kleine runde Konfektstückchen:

300 g Marzipanrohmasse, 150 g Puderzucker, 1 TL Rosenwasser (aus der Apotheke), 2 Tropfen Bittermandelöl

Zum Dekorieren:

1 Eigelb, 50 g Puderzucker, 1 TL Zitronensaft, 100 g kandierte Früchte

Außerdem:

Klarsichtfolie

✰ Die Marzipanrohmasse mit Puderzucker, Rosenwasser und Bittermandelöl verkneten. Zwischen zwei Klarsichtfolien gleichmäßig ausrollen. Herzen oder kleine Kreise ausstechen.
✰ Die Marzipanreste zu ganz dünnen Rollen formen und damit den Rand der Herzen und Kreise belegen. Mit einem Holzstäbchen ringsum im Abstand von 1 bis 2 Millimeter einkerben, damit das typische Muster entsteht.
✰ Den Backofen auf 200 ° vorheizen. Die aufgesetzten, eingekerbten Ränder mit Eigelb bestreichen und das Marzipan einige Minuten überbacken, bis die Ränder leicht gebräunt sind.
✰ Puderzucker und Zitronensaft miteinander verrühren und das Marzipan-Konfekt innerhalb des Randes damit bestreichen. Mit klein geschnittenen kandierten Früchten verzieren.

☞ *Haltbarkeit:* Bis zu 4 Wochen.

* Marzipanbrote

Für Marzipanbrote gilt das gleiche wie für Marzipankartoffeln: In guter Qualität sind sie ziemlich teuer, und die billigen taugen wenig. Wer sie selber macht, bekommt für wenig Geld und geringe Mühe die beste Qualität.
Der typische Marzipangeschmack rührt von einem geringen Anteil Bittermandel und vom Rosenwasser her. Fertig gekauftes Rohmarzipan besteht meist nur aus Mandeln und Puderzucker, Bittermandelöl und Rosenwasser müssen Sie selbst zufügen (schauen Sie beim Marzipankauf auf die Inhaltsangabe.)

Für etwa 5 Brote:

300 g Marzipanrohmasse, 100 g Puderzucker, einige Tropfen Rosenwasser, 3 Tropfen Bittermandelöl, 200 g dunkle Kuvertüre

✰ Das Marzipan mit Zucker, Rosenwasser und Bittermandelaroma verkneten. Kleine Brotlaibe daraus formen.
✰ Die Kuvertüre bei niedriger Temperatur schmelzen und die Brotlaibe hineintauchen. Auf Pergament trocknen lassen.

☞ *Haltbarkeit:* Die Schokoladenhülle hält das Marzipan frisch, und es ist auch nach Monaten noch genießbar.

* Marzipankartoffeln

Ein Nikolaus, der keine Marzipankartoffeln in seinem großen Sack heranschleppt, hat seine Arbeit nicht wirklich gut gemacht. Die kleinen braunen Marzipankugeln gehören zu den beliebtesten Leckereien.

Es lohnt sich, sie selbst herzustellen. Billige Marzipankartoffeln zeichnen sich durch einen geringen Mandelanteil aus, sie bestehen fast ausschließlich aus Zucker. Wenn Sie die Kartöffelchen selbst machen, erhalten Sie zum Preis der minderwertigen Billigware Kartoffeln, die in ihrer Qualität den teuersten Konditorkartoffeln entsprechen, mindestens! Und sie sind – auch in größeren Mengen – wirklich mühelos gemacht.

Für etwa 30 Stück:

200 g Marzipanrohmasse, 100 g Puderzucker, einige Tropfen Rosenwasser, 3 Tropfen Bittermandelöl, 50 g dunkles Kakaopulver

✰ Die Marzipanrohmasse mit Zucker, Rosenwasser und Bittermandelaroma verkneten. Das Kakaopulver in eine flache Schale füllen. Das Marzipan zwischen den Händen zu kleinen Kartoffeln formen und im Kakaopulver wälzen. Das überschüssige Pulver etwas abschütteln, und die Kartoffeln in Cellophan-Tütchen oder kleine Kartoffelsäcke füllen.

☞ *Haltbarkeit:* 1 bis 2 Monate.

** Rumkugeln

Nicht nur Zimt und Nelken, auch Rum und Schokolade sind eine Geschmackskombination, die in der Weihnachtszeit besonders gut ankommt.

Für etwa 75 Stück:

200 g dunkle Kuvertüre, 50 g Butter, 50 g gemahlene Mandeln,
2 EL Rum, 50 g Puderzucker, 100 g Schokoladenstreusel

✰ Die Kuvertüre bei schwacher Hitze schmelzen und mit Butter, Mandeln und Rum gut verrühren. Etwas abkühlen lassen und den Puderzucker untermischen. Bei Bedarf noch etwas Puderzucker unterkneten. Knapp kirschgroße Kugeln formen und in den Schokostreuseln wälzen.

☞ *Haltbarkeit:* Die Rumkugeln überstehen problemlos Monate.

* Schokoladenbrot

Für etwa 30 Stück:

Mark von $^{1}/_{2}$ Vanillestange, 100 g Zucker, 2 EL Rosenwasser,
100 g Zartbitter-Schokolade, 100 g gemahlene Mandeln

✰ Vanille und Zucker zusammen mit dem Rosenwasser langsam erwärmen und auflösen. Schokolade und abgezogene, geriebene Mandeln zufügen und verrühren.

✰ Die Masse auf eine Platte gießen, erkalten lassen und in Stückchen schneiden.

✰ Oder Ausstechförmchen auf ein mit Backfolie ausgelegtes Blech oder Platte legen und in die Förmchen jeweils einen Löffel Schokoladenmasse gießen. Wenn die Masse erkaltet und fest ist, aus den Förmchen lösen.

☞ *Haltbarkeit:* Etwa 4 Wochen.

Dekorieren

✰ Weihnachtsgebäck soll schmecken, klar. Aber mehr noch als bei anderen Gelegenheiten kommt es hier auch auf Äußerlichkeiten an. Ohne Glasuren oder bunte Zuckerperlen, ohne Schokoladenüberzüge oder kandierte Blüten und Früchte wäre Weihnachtsgebäck nur der halbe Genuß.

Einfache Utensilien für raffinierte Dekorationen

✰ Mit einer **Spritztüte**, aus Pergament (siehe Seite 192) oder einem Plastikbeutelchen selbst gemacht, können Sie geschmolzene Schokolade oder Zuckerguß zu filigranen Mustern formen. Eine auf weißen Guß gespritzte Spirale aus Schokolade, die sofort, wenn sie noch weich ist, mit der Spitze eines **Holzstäbchens** in regelmäßigen Abständen verzogen wird, ergibt eine besonders dekorative Oberfläche. Eine dünne Schicht Puderzucker, durch ein feines **Sieb** gestäubt, schmückt jedes Gebäck. Bei größeren Oberflächen sieht es besonders schön aus, wenn Sie mit Hilfe einer **Schablone**, die Sie aus Karton oder festem Papier zurechtschneiden, beim Bestäuben mit Puderzucker Formen, z. B. Sterne, aussparen.

Dekorationen aus Zucker

✰ Die einfachste Dekoration: Bestäuben mit Puderzucker, Bestreuen mit Hagelzucker oder bunten Zuckerperlen.
✰ Die am häufigsten angewandte Dekoration ist sicher der Zuckerguß. Puderzucker wird mit einer kleinen Menge Flüssigkeit ganz glatt gerührt und auf das Gebäck aufgetragen.

Zitronenglasur: 150 g Puderzucker, 2 EL Zitronensaft
Orangenglasur: 150 g Puderzucker, 2 EL Orangensaft
Punschglasur: 150 g Puderzucker, 1 EL Zitrone, 1 EL Rum oder Rotwein
Rote Glasur: 150 g Puderzucker, 2 EL Rote-Bete-Saft
Mokkaglasur: 150 g Puderzucker, 1 TL Instant-Kaffeepulver, 2 EL heißes Wasser
Marmeladenglasur: 100 g Puderzucker, 100 g Marmelade ohne Fruchtstücke

Spritzbeutel

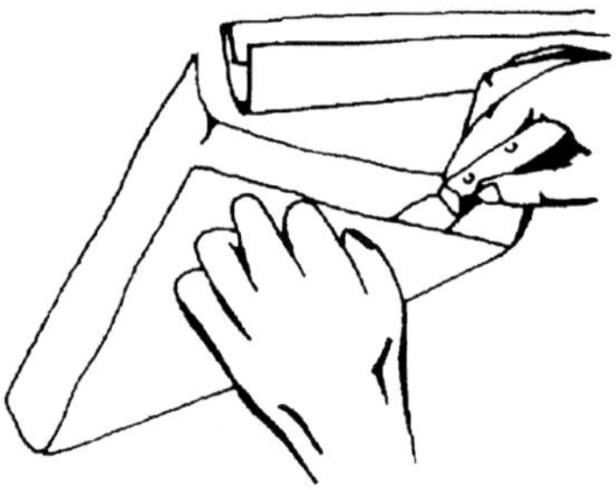

Aus Pergament ein Dreieck ausschneiden.

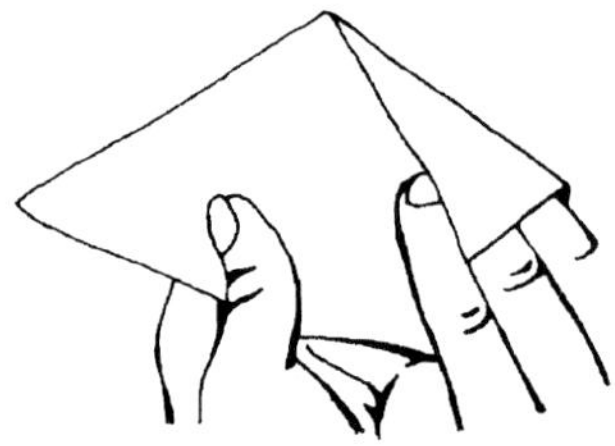

Das Papier von einer Spitze her einrollen,

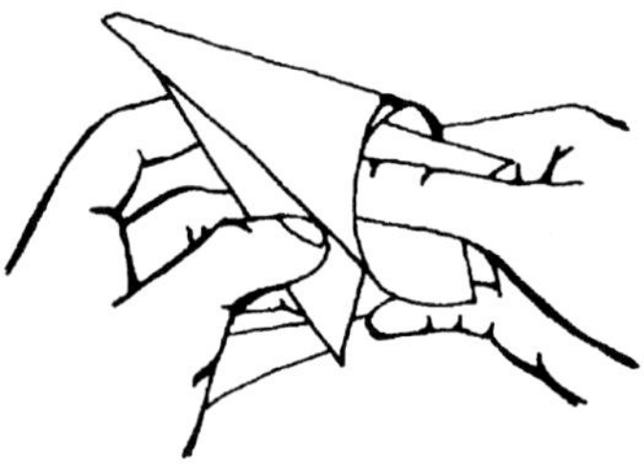

bis man bei der anderen Spitze angekommen ist.

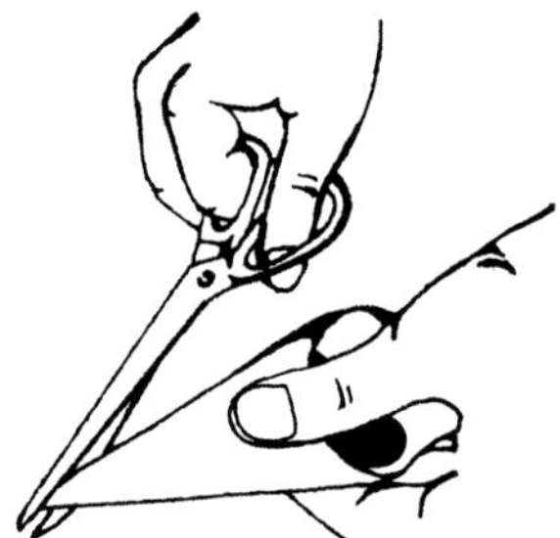

Glasur einfüllen und eine kleine Spitze abschneiden.

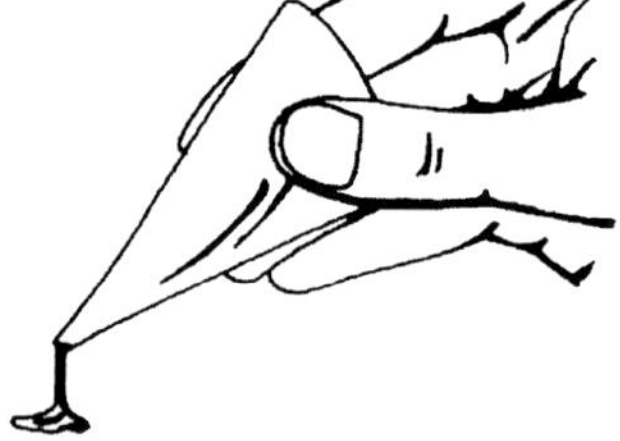

Die Glasur in der gewünschten Form auftragen.

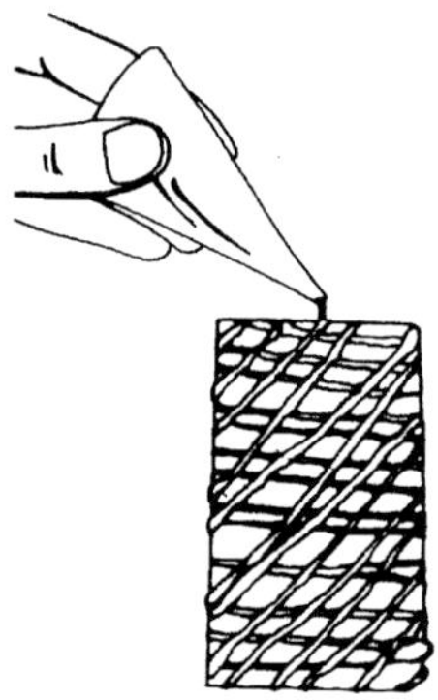

Aprikosenglasur: Eine besonders feine Glasur, die in der Konditorei häufig angewandt wird. Man spricht auch davon, daß Gebäck »aprikotiert« wird. Hierzu Aprikosenmarmelade in einem kleinen Topf erhitzen und, falls sie Fruchtstücke enthält, glatt pürieren. Heiß auf das Gebäck auftragen, das durch sie einen schönen Glanz und einen frischen Geschmack erhält.
Eiweißglasur: Besonders dick und schön wird die Glasur mit etwas rohem Eiweiß: 150 g Puderzucker mit $^1/_2$ Eiweiß verrühren.

Dekorationen aus Schokolade

☆ Die einfachste Art, Pralinen zu dekorieren ist, sie in **Kakaopulver** oder **Schokoladenraspeln** zu wälzen.
☆ Etwas mehr Mühe macht schon ein Überzug aus **Kuvertüre**. Damit die Kuvertüre nicht stumpf aussieht, sondern schön glänzt, muß sie zweimal geschmolzen werden: Bei schwacher Hitze vorsichtig erwärmen – am besten im Wasserbad, abkühlen lassen und gleich darauf noch einmal ganz behutsam erwärmen, bis sie gerade eben flüssig wird.
☆ **Borkenschokolade** sieht auf größeren Gebäckstücken, speziell auf Torten, sehr edel aus. Ihre Herstellung gehört aber bereits zu den fortgeschrittenen Kunstfertigkeiten: Flüssige Kuvertüre wird auf eine Platte aus Marmor, Porzellan oder Edelstahl gestrichen und, wenn sie fest zu werden beginnt, mit einem Spatel zusammengeschabt. Dabei entstehen, je nach Festigkeit der Schokolade, dünne Schokoladenspäne oder sich kräuselnde Schokoladenbänder (wenn die Schokolade noch etwas weicher ist), die als umlaufende Borte auf einer großen Torte ausgesprochen prächtig wirken.
☆ Beliebt für Plätzchen und Pralinen: **Schokoladen-Spritzglasur** – Flüssige Schokolade in eine Plastiktüte füllen, ein winziges Eckchen abschneiden und die Schokolade auftragen.

Dekorationen aus Mandeln, Nüssen und kandierten Früchten

☆ Am einfachsten: Vor dem Backen werden geschälte **Mandel-** oder **Walnußhälften** oder ganze geschälte **Haselnüsse** leicht in den Teig gedrückt. Besonders beliebt ist diese Art der Dekoration bei Lebkuchen, aber auch bei ausgestochenem Buttergebäck.
☆ **Kandierte Fruchtstückchen** oder dünne **-streifen** machen sich hübsch auf Plätzchen. **Belegkirschen** schmücken beispielsweise Liegnitzer Bomben oder Königsberger Marzipan. **Kandierte Früchte** und **Blüten** sind dekorativ auf Petits fours oder Torten.

Dekorationen

Aus Zuckerguß oder flüssiger Schokolade können Sie weihnachtliche Motive auf Plätzchen und Petits fours aufmalen.

Dieses Muster ist leicht gemacht: eine Spirale aufspritzen und mit einem Holzstäbchen die noch feuchten Linien abwechselnd nach innen und nach außen verziehen.

Leicht gemacht und schön anzusehen: Sie legen Schablonen in Form von Sternen, Engeln o.ä. auf Gebäck, bestäuben es mit Puderzucker und entfernen die Schablone.

Schablonen für Lebkuchenfiguren

(Rezept siehe Seite 64)

Pausen Sie die Schablonen durch und vergrößern Sie die Vorlagen auf die gewünschte Größe und übertragen Sie dann diese auf den Teig. Einfacher Lebkuchenteig ist strapazierfähig und gut formbar, aus ihm lassen sich – mit und ohne Schablonen – die schönsten Figuren basteln. Auch kleinere Kinder können hier ihr ganzes kreatives Potential einbringen. Reizvoll ist schließlich nicht die Perfektion, sondern die individuelle Gestaltung.

Roter und weißer Zuckerguß, ausgerolltes buntes Marzipan, Schokoglasur und bunte Zuckerperlen – den rasanten Weihnachtsmann können Sie nach Herzenslust dekorieren.

Perfektionisten malen akkurat selbst die Brille aus Schokoguß auf, aber: auch weniger detailgenau wird der Nikolaus wunderschön.

Die
TEDDYS

Honig

Die Form des Engelchens ist – vergrößert – auf dünne Pappe zu übertragen, damit der Plunderteig richtig ausgeschnitten werden kann.

Register nach Sachgruppen

Mürbteig-Gebäck

Lebkuchen, Pfeffernüsse, Printen

Gebäck aus Eiweißteig

Stollen und Früchtebrot

Rührteig

Blätterteig

Brandteig

Weihnachtliche Kuchen und Torten

Weihnachtsgebäck für Diabetiker

Ohne Backofen – Konfekt und Pralinen

Dekorieren

Alphabetisches Rezeptverzeichnis